和谐风水

——玄空操作实务

冠元 著

中国商业出版社

图书在版编目(CIP)数据

和谐风水：玄空操作实务／冠元 著. —北京：中国商业出版社，2010. 4

ISBN 978-7-5044-6796-6

Ⅰ. 和… Ⅱ. 冠… Ⅲ. 风水—研究—中国 Ⅳ. B992. 4

中国版本图书馆 CIP数据核字（2010）第 053017 号

责任编辑　孙启泰

中国商业出版社出版发行

010-63180647　www.c-cbook.com

(100053 北京广安门内报国寺 1 号)

新华书店总店北京发行所经销

北京龙跃印务有限公司印刷

*

710×1000 毫米　1/16 开　15.5 印张　220 千字

2010 年 4 月第 1 版　2010 年 4 月第 1 次印刷

定价：35.00 元

* * * *

(如有印装质量问题可更换)

目　录

写在前面的话

《易经》作为一部集预测功能、趋避吉凶和启迪智慧的元典，早已被道儒两家分别尊奉为“三玄之冠”和“六经之首”。可以说，《易经》是中华传统文化中最引以为豪的瑰宝，而风水作为《易经》在现实生活中的应用和发展，其所具有的神秘力量已为全世界所关注，虽然现代科学还无法对其做出合理的解释，但它在人们生活中所发挥的特殊作用却是毋庸置疑的。然而如何将这门华夏传统文化更好的继承、发展并弘扬，已成为我们不可推卸的重任，更应该是迫切需要我们为之努力的使命。敝人冠元作为其中的一员，在这十余载中对于易学风水从爱好、研究到应用，其中有些许感悟和心得。在此，谨以后学的身份奉上自己的几点浅见，愿与前辈、同道和读者共飨互探。

首先，在谈如何才能学好风水之前，我先对风水之道及其对人事吉凶的影响阐述一下自己的理解：

风即天时，天空中星体的运动能产生风，且星体的运动有其周期变化之时间性，这就是指三元九运说。

水即地利，水会随不同的地势环境发生不同的变化，意为地球上的山川形势、环境布局不是固定不变的，而应根据元运的变化作出相应改变，以达到最佳的有利空间。

《管氏地理指蒙》中说：“人与天地并列为三，非天地无以见生成，天地非人无以赞化育。”风水学探讨的就是人与天地之间的内在联系，主张通过人的意志能动性来参天地以赞化育，以达到顺其自然、达其平衡、促其和谐的效果。王字由三横一竖组成，上横为天时、中横为人和、下横为地利，中间一竖为合一，指只有天人地三才协调合一方能成就王者伟业。故而，风水术是能捧助人成就王者风范的智囊策划学。

同时，我们更应知道风水也是一把双刃剑，些许的差错不但会求福不成、欲贵未达，而且还会是非凶厄、灾祸不断，甚至家破人亡。如果风水术一旦被品行不端的人掌握，那会使天下众生深受其害。正是其对人之命运有较大的波动影响，才使历代明师在择徒时是慎之又慎！才有：“宁可失传，绝不妄传”之诫言。这并非是偏激或保守，而是因为身怀绝技的明师深知传承并发扬此门玄学术数所要承担的责任之重，所以对所授之人的品行及其道德修养非常的注重。

“一代地仙”蒋公大鸿为达玄空极致而拜伏于无极真人门下时秉承师训：“人道不修，仙道远矣。”而这句话更应成为当今众多易学爱好者的座右铭。敝人从刚开始的自学风水乃至后来有人主动指点的历程中也领悟了点滴体会：

学风水先立德，若不立必无缘。
致力修好人道，无师也可通源。

学风水多如毛，识真法几人晓。
劝君修心树德，早证风水大道。

学风水贵心境，水清可见渊鱼。
心静方能灵至，惟此才能彻悟。

学风水唯明师，一句诀匹千典。
勤实践善总结，心眼通胜中仙。

其次，谈一下我对“道”字的理解。“道”通俗的解释可当路讲，也就是供人们行走通行的道路，它是为了方便人的行动而产生的。道还指说话、方法、规律，但这都属于在表象意义上的理解，与老子在《道德经》中所言的：“道可道，非常道”不是同一理念。现我从道字的构造上来阐述道所包含的深层寓意，以期对我们的科学观、宇宙观以及方法论等起到一定的引导意义，以下是我所感悟的六种对“道”的理解：

道

一：道字上面的二点犹如太极中的阴阳鱼，它代表自然界的万事万物；下面的一为一定；自为亲自；辶为行动为实践，就是说要探究自然界的本源，一定要亲自去实践。其与唯物辩证法中的“实践是检验真理的唯一标准”不谋而合。毛泽东说过：“没有调查就没有发言权”，请问：在批判风水等道学文化的教授学者们，你们对批判的学说有否作过深入细致地研究？毕竟只有针对学术理论的批判方显说服力，否则只能是毫无意义的口舌之争。

二：从首从辶，意即做任何学问一定要用自己的脑袋去思考，并且把思考所得来的理论再付之于实践中去应用检验，如思考所得的理论能合乎实践中的应用，则其理论是真理！有道：“千年经验成学问”，属于玄学的风水术，已历经数以千年的时间检验和广阔地域的空间实践，具世界上最充分的统计学价值。不能因已知的科学理论无法作出解释，就以“迷信”封之。先民对雷电的敬畏缘于无知，今人对风水的否定同属愚昧。毕竟探索真理之路是永无止境的，科学的母胎是玄学。

三：阴阳鱼为天地，一为一种、平衡，自为自然，辶为运动、创生。老子所讲的“道”是先于天地自然而然地产生并作螺旋状运动的一种超微粒物质，实指气也。此气又分阴阳二种不同属性的气场，它是化生和创造万物的最基本元素，其大无外、其小无内地弥漫于天地之间并影响着一切。高见南在《相宅经纂》云："四正四隅，八方之中，各有其气。气之阳者，从风而行；气之阴者，从水而行。"风水之道就是探寻天地人三个螺旋气场之间的统一和合的平衡状态。

四：阴阳鱼指阴阳二气，它是客观存在的能量；一为统一；自为自然界中事物存在的程序，即信息；辶为变化之象。意即自然界的万事万物都是能量、信息及其相互作用下的存在形式或变化态势的统一体。道学理论的气、数、象即现代科学的能量、信息、形态，玄空风水研究的是阴阳二气根据天体的运行规律和地势的变化形态，从而作出有益于人体场能的一门综合性学问。

五：阴阳鱼为乾坤为天地为自然，一为平衡，自为自己，辶为运行变化，就是讲人一定要结合天时与地利的运行变化规律并加以效法，来弥补和调整自己的不足，从而达到与自然的相通和合之境界。风水是天地之学、王者之术，它探讨的是人与天地之间交互感应的内在联系，运用的原理就是根据时间与空间相互作用而产生的吉凶，再通过发挥人的主观能动性，从而将天人地三才协调致和谐的天人合一观。风水策划是捧助人成就王者风范的金领行业。

六：阴阳鱼为天地，一为一定，自为自然，辶为运行、变迁，即指天时的运行和地理的变迁，一定要保持协调性和一致性，只有这样才合乎自然的法则。章仲山在《心眼指要》云："青囊万卷，总不出体用二字。体有山水之分，用有得失之辨。体有移步之不同，用有随时之更变。用必依形而显休咎，体必因气而见吉凶。要之，体无用不灵，用无体不验，必须形气二兼，默参九星生克之量以推休咎，方得体用之精微。"天运流转和地势状态应相一致的理论是玄空风水的精髓。

谈及"道"，就不能不论"德"。而单看一个德字也同样有其更为深层的含义。下面，我再以风水从业者的立场来阐述我对"德"的参悟和对"道"的领会：

论明地德和立人道

“明地德、立人道”出自黄石公著的《青囊经》，它启迪的是要成为一名具有专业水准的玄空策划师，当须明白为人勘宅时应遵守的准则，这个准则就是德。德由十、罒、一、心及表众生和行为的彳组成，意即要修持十种善心、遵守四种行为准则，一心一意地为众生服务，方称之为德。德正易始高，故而要掌握玄空的操作技法必须先从修心树德做起。

属双刃剑的风水术，在为人催吉时，从隐性空间来讲，可能会招更大的凶应，这样就违背了德之“造福众生，营造和谐”的宗旨。由表众生的彳、指十方的十、喻三界的罒、及一、心组成的“德”字，启示人们要一心一意为三界十方众生的利益着想。故而，以风水术为人指点者更应该明德和参悟阴阳之道，如此方能在对某些行业或布局时，都会考虑到其深层内涵而作出妥善处理。否则，技高者会给自己造成更大的业障，望慎之！若借术故意布出伤害他人的凶局或明知是伪学庸术，但为追名逐利仍以邪术误人害人者，当心应受天谴而下地狱。

作为一名玄空策划师，在指点布局为人造福时，更应晓之“事在人谋谋事固以易为本，但福在人求求福当德为上”之理。明地德即指要明晓福地只在方寸间。不修德而求佳风水，譬之不耕种而求获，焉可得哉？

明白了地德之后，接下去讲的是人道的立场，主要有顺天理和尽人事两个方面。

一、人生活在社会中，首先应严格遵守宪法和法律规定的各项义务。道字从辶从首，意即每个人做的任何事都必须遵守国家的政策，不得做有违法律的事。就以看阴宅而言，国家考虑到节约土地资源、生态环境保护和可持续发展的原则，顺应时势对土葬进行改革，原本是利国益民的明智之举和移风易俗的文明之举。

但有些风水师只知人事要效法于地理，却不明地理更应效法于天道！此天道既指于万物与善，也指天时之气运，还指客观之规律。

试问:

1. 风水对一个为非作歹、作恶多端的刑事犯，能起吉效使其逃出法网不被抓捕归案吗？

2. 在“破四旧”时，风水师别说招摇过市，简直如丧家之犬惶惶不可终日，又为何呢？

3. 在一个人烟稀少、极其偏僻的农村里，盖了座形气都吉的购物广场，生意会好吗？

4. 满岗山坟、整片墓地的现象使生态环境受到严重的破坏，那时候除没有好风水可寻，还必会最终导致以农业立国又占世界五分之一人口的中国将连吃饭都成了问题。

按《元会运世》学来讲，现是午会之时，午属于离卦，为烈火、为光明、为心境、为环保；而其先天为乾卦，为尸骨、为恩德、为良知、为富裕。试看现今发达国家，其注重的是人与人之间的文明礼仪和对自然环境的生态保护。人死后不但早就实行火化，而且大多采用以树代葬、播撒骨灰为祭悼，他们没有讲究风水也不知风水为何物，却生活丰裕、社会祥和、科学昌明，之所以会这样，乃是顺应了天道。

骨灰虽被火化，若安葬于公墓中仍会受到地气的滋荫而有吉凶影响。人都有趋吉心理，可现庸伪之师太多，致福不成反招祸的实例多不胜数。即使是明师，在为主家用作法催吉时，也莫忘公墓因设计间距小会造成对邻边产生吉凶不一的影响，稍有不慎徒增双方业障。

二、有道：“生死有定数，岂术所能移”，道字上面二点如阴阳鱼，喻万事万物；一为一定；自为自身；辶为运行，即宇宙中的万事万物一定是按照自身的内在规律来生长发展。大豆的种子是生不出土豆来的，猴子的基因永远只能生猴子。

但人毕竟是禀天地之气而生，为万物之灵。直立行走的人与动物的最大区别在于人有思维能明万物之情、能悟宇宙大道。道字上面的阴阳鱼为天地；一为平衡；自为人类自身；辶为行动为效法，即人懂得通过意志主动性之发挥去结合天地的运行变化规律并加以效法，来弥补和调整自己的不足，从而达到与天地自然、宇宙万物取得平衡与和谐。可见，人能参天地以赞化育，但要达至“跳出三界外，不在五行中”的境界，没有累世持之以恒的修行是不可能的。

对绝大多数的人而言，“一命二运三风水”这话是成立的。命，指先天格局；运，指后天轨迹；风水，是在遵循命运的前提下，最大限度地改善命局质量和提升运势轨迹的秘术。命如面粉，运为用途，风水是做工。一包面粉只能用于做糕面食品类，这是定数为不易；但可用之于做蛋糕、饼干、面类之不同风格的食品，这是常数为简易；即使是同种食品也会因在制作的过程中，手法、配料等的不同，而有不同口味的产生，这是变数为变易。

玄空风水所追求的是在顺应其命局的情况下，通过自身的努力去作出最佳的选择和改善可调的环境。当然，再好的风水也须人的努力，要知天道酬勤。风水好，就如在门口外放着一笔钱，但若人连门都懒得去开，试想他能得到这笔钱吗？所以只有尽人事，方能使命运轨迹发挥至臻。

正是因为有以上对道、德深层意义的感悟，才诚望我们这些学易、研易、用易的同道同修们能真正用心去领悟易学、参悟道德，如此方能窥得天机妙诀。用术去济世救人、用道去教化人心、用德去感召众生，是每一位易学工作者的使命。

温馨敬告

心境是决定人生命运的至道，是正报；
风水是影响命运轨迹的方术，是依报；
因缘是所受吉凶祸福的彰显，是果报。

依报是随着正报转，风水的吉凶必依心境的善恶而感应。

要想谋求上佳的风水，必须先从止恶防非、行善积德做起，惟有种下善因方能得到福果，这是改命转运的最佳良方，也是证悟大道的初级法门！

按：恶者，上面为亚，亚为次、居左，恶即次等的心。心有缺陷，当须勤加修持。

非者，直竖为公正不曲，但被一分为二且横生六行。故避非趋是，理直就气壮。

善者，中间剖开而两边仍对称。因此，平实衡称，方为稳重妥当。

德者，指要修持十种善念、遵守四种行为准则，一心一意地为众生服务。大爱普生，大德行道。

风水师的职责当在为人植福时，更应劝人止恶防非、行善树德。《三字经》中："人之初，性本善"，本人认为改成："人之初，性本恶。人之终，性至善"方更合理。人之心在生理构造上是偏生左边，在处世态度上多私心杂念。所以人需要不断地接受良性教育，惟有如此才能使人在处事时低调中庸、公平中正，为人时心气中性、平常中和。只有人心向善、崇尚立德，和谐社会才能创建，风水师的职业也会得到社会的认可和尊敬。

可纵观历史，能够真正参悟风水玄机的圣贤又有几人？历代有多少风水师不明天地阴阳之纲领，不悟自身诸事之修为，而让自己及其后人遭受无妄天难。更为是，很多以此为业者不但没担负起济人劝心的神圣使命，却把易学作为牟取暴利、大敛财物的工具，甚至妄动横扫之笔，让伪学庸术流毒于世。呜呼！天道循环，难道不怕因果报应？不为众生谋福利，只为自己求富贵，却不知天地鬼神神目明鉴，一己私欲览尽无余。风水原是上天用来济世救人并借以劝人修身立德之术数，也唯有真正能够修身立德之人才能通达风水玄学的奥秘之巅。

由于玄学自古以来就是一块没有硝烟的战场，易界人士向来都是各执己见，舌枪唇剑的相互攻讦，想要把自己的理论凌驾于他人之上。业内人士只知用这样的方法辩论学术，却不知这样也给了那些浑水摸鱼，滥竽充数的不法之徒有了可乘之机。他们夹杂在其中，将伪诀伪术伪法大肆传播，谋求暴利。于是一脉清醇的风水方术中夹杂了大量的垃圾糟粕，而后学者误学伪术后，在实践中又害人害己，导致人们对风水产生了怀疑，并把其归类于封建迷信加以批判。这种现象直至现今仍无根本改观，不能不说是我们炎黄子孙的一大悲哀。对于我们这些掌握着风水正术的学者来说，弘扬真学是我们的历史使命，绝对不可坐视不管，坐以待毙！敝人从 2004 年开班传授风水技法以来，一直抱着正本清源的办学原则，誓要把正道的风水发扬光大。我对后学们寄予了更大的希望，期望有更多的正道人士加入到我们的阵营，使华夏传承数千年的灿烂瑰宝不毁在我们这一代。凭借我多年的办学经验以及对风水界的多年观察，整理出了一套如何选师学艺的有效方法并公布于此，意在为那些有易学天赋的后学做一盏指路明灯。望后学们学业早成，在为人指点迷津的同时能造福更多的众生！

择师学艺需慧眼识真伪

当今易界，特别是风水界更是良莠不齐、真伪难辨。俗语：“七分命相不出门，三分风水走天下”，就是因为风水在布局后，要见效需待以时日，不像命相可当场验证，使得庸师和伪师有机可乘。他们的存在，严重地阻碍了风水术的弘扬和挫伤了初学者的信心。更为严重的是，以所学的庸识伪学去为人勘宅而致凶，不但祸害他人，也使自己犯下业障。

当前国内在传授玄空飞星风水时有教材拼凑、课程缩水、内容剽窃的混乱状态，已产生“遍地风水班，都把空理传”的不良现象，这严重阻碍了玄空学的传播和挫伤了初学者的信心。为了使初学者不上当受骗和更好地普及玄空飞星，我本着“宁可得罪众多名师们，绝不欺骗每位初学者”之信念，揭伪护真、除庸扶正。

在此，我特简要列出数条择师方法以助欲拜师学艺者具慧眼识真伪，从而早日找到明师学到真诀！

1. 网上没有独到见解，却特多名誉或自诩传人的，当不可信！诸如易学教授、风水专家等全是假誉。要知花数千港元，就可合法注册成立宇宙超科学风水研究院并自任院长。至于入编精英名人之类，则是花钱买的虚名，这方面的信我有数十封之多。追求假誉和虚名，是缺乏自信的真实写照。

2. 作为老师，若不敢对所教的做到断事有验、催旺见效的承诺，最不可信！无论公示的内容如何诱人或学费如何低廉，学员只能以其学理是否可运用于断事、调整、催旺来检验所学之真伪。若欲择之师不能做到这点，其所教内容就可想而知了。

3. 仅数天课时，内容却涉及很多层面的，更不可信！若课堂上既讲阳宅与坟墓，又讲龙穴形法和各派理气，还讲多种择日及理论常识的面授班，只能是泛而不专的大杂烩。要知风水学博大精深，学习宜求术有专攻。

4. 凡通过函授就能学会或要经过分级式面授才能学会风水的操作，都不可信！自古以来，风水在传承上都是很隐密的，试看那些洋洋万言的函授教材，实是不能用于实践的空理歪论。至于分级式办班更是误人行径，花了很多时日参加初中高及弟子的面授班却是越学越觉雾里看花或所学不能在实际中进行操作的都属庸学伪术。

5. 有个人风水主页，但却不敢公布本人照片的，绝不可信！虚拟的网络时代，使易骗以变换假名、网站和地点来达到长期欺诈学员的险恶用心，所以公布真实照片是虚拟空间中的惟一真实。有“心”授学，却无“脸”露面，让欲学者看到其真实形象是诚信办学的最基本条件。

6. 办过面授班的，必须同时公布学员的照片、姓名、电话、地址，缺一不可！易痞先设虚假包装骗得学员后又以他的名义行自我吹嘘之实，可却偏偏少了该学员的电话。更有甚者，凭空捏造几个学员之名而欺天瞒海。对不能同时做到以上四点，而又特多赞誉之辞的，更应要其公布学员的电话以便证实才对。

7. 自诩是数代祖传的风水传人，也不可信！因风水师的后代若一直以此来谋生，那还谈什么风水可以催富发贵。即使诚为祖传，学此又有何益？若是拿自己的祖宗来骗人，这种忘恩行径更应遭到唾弃。

8. 若吹嘘所教内容能百分百神验和可百分百催旺的话，那他不是狂人就是疯子！吹出这种话，其实连易之阴阳、法之因缘和业之果报都不明，对这种人可以实例来当场揭穿其狂言乱语。

以上八种方法是学前的识别真假之法，易友们在学习的过程中还应多长几个心眼：

1. 吹嘘有百分百神验奇效、或是办高级班收徒弟之类、或仅通过数天学习就达专业水准者，务必要其在神前宣誓："若以虚假诱人受骗或所教内容是未经验证的伪法，学员由此所看风水而发生的凶应恶报愿由我承担!"

2. 一定要拍张全体师生合影照，并标明是何种学习班及年月，最好再立学费收据！还须老师宣誓：若学员对所学内容指出误区并改正者，当退还全额学费。若自己对所教技法毫无把握却在违心传授，则愿承担天谴！

4. 在快学完之时，一定要以老师所教的方法去检验自家的风水，看其学理能否符合吉凶应事。断事就像医生诊断病状一样，目的是为了对症下药。若所学连这都做不到，又何谈调整催旺？

以上我谈及的是给那些对风水感兴趣，又想学艺从业的易学后辈提示的一系列建议忠言。意在提醒他们在拜师学艺时有一把可丈量的尺，可称重的秤，避免耗费钱财又误入歧途。

我用6天传授的玄空操作技法，是经过验证的真诀。它不但能对常规的阳宅作出吉凶断事，还可在调整和催旺上起到较佳的效果，并承诺：若用我传授的方法，领悟较好的学员仍不能对多数常规阳宅（指多层公寓、办公店铺、别墅、楼房）做到断验准确、催旺有效的话，我甘愿承担天谴！我之所以在全国首创举办操作技法面授班并作出承诺，就是要从授学这一源头上真正遏制庸术浅识和杜绝伪学歪理的危害！建议对不能传授正确操作方法的庸师和有"拐、蒙、骗"现象的伪师一律公开曝光，因为只有从行业内部得到净化，风水策划才能早日被社会所认可。

传学训示

任何一门行业只有规范，才能得以发展。故而，我特提出六点训示，要求所有学员务必遵守！

一、以道为尊：道从首从辶，凡事须遵守国家的法律，通过弘道扬德来净化人性，以创建和谐社会为己任！

二、以善为本：风水是济世之术，须以普渡众生的慈悲心造福于民，不许以术昧心敛财，更不能以邪术害人！

三、以术为密：风水既可救人也可杀人，须做到保守真诀不外泄，以免被易痞掌握后用来危害社会！

四、以业为精：风水是门深奥之学，非一日可蹴就，须学以致用，融会贯通，不断揣摩，精益求精！

五、以易为友：抛弃门户之偏见，对不同学派能取其长。团结同道，摒伪揭痞，复兴传统易文化！

六、以师为敬：尊师重道，团结师门，不辱师名，合心协力共同维护和弘扬杨公筠松之玄空风水！

下面我也为欲延师相宅者量身出了一套识破庸师和伪师的绝招，意在让那些忠信风水的人群，在请人看风水时不再成为被动的角色，任其胡乱布局欺诈骗财。现就直指当今风水界庸伪之师的种种敛财伎俩，大家只要掌握并遵循我提出的应对之法，任由那些庸伪之师使出浑身解数也必无法遁形。

识破庸师和伪师的绝招

大三元玄空风水是门改造命局、调整运势的秘术，其义理博大精深，若无点窍虽硕学鸿儒也难以贯通，非时下不下一番苦功的风水师所能掌握和运用。有道："卦理不精，害人一事；命理不精，误人一生；医理不精，伤人一身；地理不精，灭人一家"。若请个庸师或伪师相宅则祸害无穷，当慎之!

现我就把庸师和伪师所运用的伎俩剖析如下：

一、最喜用算命来代替风水。在看风水前先索取客户的八字，视其命运的好坏再作出是否勘宅，这是挂羊头卖狗肉的欺诈行为。因为当客户正走好运时，即使胡乱布局也不会发生大的凶象，但已大幅度地降低了其命运的质量。当运势平稳时，就以"八字不好，风水无用"作幌子来故意回绝，这样就为自己看错风水致凶应找借口以堵客户之质疑。其实，人的命相之好坏与风水之吉凶的信息是同步的，而风水的功效就是通过调整和催旺来最大限度地提升人的命运轨迹。

二、最喜用占卦来测风水。奇门、六爻等预测术是凭信息显示的原理可遥测出风水的外象，但这对改善风水布局没有多大作用，且其所测结果只是反映在这一特定时空的吉凶。要知时间的运行与空间的改换，必会使风水的吉凶也随之而变，更会让预测的结果彻底改变。风水可以预测，但其更是调整之术，故而要催旺财贵、人丁、学业等必须要实地察看用玄空风水来布局方为正途。

三、最喜通过预测来下饵。命相、卜卦等预测术是属消极地测算，否则相同八字的人其命运也应一样，所测事物的卦意应不会变化，可事实并非如此。故而这方面的伪书是很少的，只要加以钻学就可为人预测。一个人要想积极地提升命运的轨迹和趋避事物的吉凶，于术而言惟风水为首。正因风水能改运趋吉，故很少有人能学到并掌握其真法。有利欲熏心、心术不正的预测师为了骗取更多的钱，通过预测使客户信任后，随之提出连自己都毫无把握的风水为人勘宅，结果是闹出预测准确却调整遭殃的惨剧。

四、最喜推销风水物品。惟利是图者把普通的工艺品巧立名目后就以所谓的风水吉祥物高价推销，这种静态的物品能起点缀空间环境的作用，于风水上无多大的助益。易曰：“吉凶悔吝在乎动”，只有能引动气场变化的风与水等动态物，才会真正对气场的吉凶产生主导作用。至于开光物品和符咒法物，惟须经道行高深的有德之士加持才具灵效，依样画瓢的把戏，即使形似亦无神韵。

五、最喜以教授身份来讲解混沌式风水理论。当下的风水热，使好些仅识基本形法和八卦理论的教授也积极参与，其学者身份固然对推动风水的传播能起到影响力，但由于风水是研究气场运行规律的学问，须在实践操作中不断用心领悟方能明其奥义，不是凭看几本书就能运用的。因此，学院派的说理专家不一定真会看风水，长此以往会使风水学深入人心适得其反。更有那些沽名骗财者，以浅识伪理误人所学、祸害众生。

六、最喜出版装帧精美的风水书。这些图文并茂、价格不菲的书中所刊载的尽是些无多大用处的局势设计小常识，以此用于实践会处处碰壁。篇幅包罗万象的风水网站更是多不胜举，但观其内容不是东抄西剽就是充虚塞假以诱人上钩。还有那些善于包装与说辞者，疲于穿梭某些公司为客户举办的只求热闹但却完全脱离风水真义的忽悠大讲座。

七、最喜漫天叫价，惑骗钱财。勘宅相地轻则索取几十万，甚至上百万元，以此自我标榜炫耀身价。此类痞师专宰富豪权贵，究其本质，对于个人住宅实是不敢多看怕出事；对于房产规划则是糊弄唬骗、混水摸鱼。纵观古往今来的明师，都是具有济世渡人之心，对润金的收取是随缘而行，以造福更多的人为荣，何曾以敛财为乐？

八、最喜以职称、照片唬人。常有展示易学教授、专家等证书的，要知至今在全球还未成立一家能评定易学职称的合法机构。也有炫耀易学大会照的，其实参加这种借研讨之名行吹捧之实的大会，根本不能代表参会者的风水造诣。更有甚者，利用名人为常人所不能轻近的缘故，用电脑合成的假照来诓骗。惟有以过硬技术赢得客户的口碑，才是最好的职称和广告！

九、最喜夸其术如何神奇。其实风水只能使人在顺其命运的轨迹中，最大限度地进行改善，要完全改变命运是不可能的。若真有其吹得这么神奇，他又何不把自己和家人改为政治家、大富豪呢？

十、最喜标榜自己是几代祖传或嫡传弟子，对此种人就请他出示下已泛得发黄的古籍秘本和传承谱载。其实历史上的许多风水明师都不是得自祖传，更不见其后代也操此业。故以此来抬高身价是自欺欺人的表现，风水技术与遗传无关！

十一、最喜故作高深、故弄玄虚，以给人一个深不可测的神秘形象。殊不知他的高深和玄虚只能代表其对学理的浅识和空虚，因为风水的操作方法完全可以用现代语言表达出来。风水师在勘宅时，应对宅内凶方之化解和吉方之催旺都一一指明，使客户对风水之调整和布局有个清楚的认识。

十二、最喜用吓人伎俩，说此宅是如何的差，必须要花重金才能告之化解方法。要知风水的调整布局是有局限性的，特别是现代住宅之户外环境和室内格局。对真正犯了风水大忌的凶宅，若不能有大的动作全面修改，则是很难化解的，惟有以心转境。

十三、最喜讲模糊语言，在勘完宅后会说："此宅风水很好，但须你的命也好能承受得住，则大发；若命差，则主败。"没有分辨真伪能力的客户在入住后，若顺利则大夸先生的功劳，若衰败则反怪父母没给好的命格而消受不起吉宅。其实对阳宅风水的好坏是完全可以作出明了的断语。

下面再公布四个预防庸师和伪师的绝招：

一、先请风水师宣誓。因为明师敢对天地神灵发誓：我若不是用风水正法勘宅，由此对客户所造成的凶应甘愿由自己承担。

二、以旧宅进行考证。因为明师能把宅中所居之人的身体状况、财运好坏、仕途升贬、口舌是非、何年有喜、何时发祸等事一一道出。

三、布动水以鉴真伪。因为明师要为人催旺财气和学业，一定是遵循

“水主财主智”的至理来对阳宅的吉方设喷泉、鱼缸等动水装置。

四、对新宅预作断言。因为明师在勘宅后，能根据风水的调整和催旺状况，对其入住后将发生的吉凶应象能提前作出较为明确的论断。

敝人如此长篇大论，只望风水能正本清源早日得到认可和弘扬。冠元今在此凭良心宣说，堪苍天可鉴，绝非是有抬高自己而贬低他人之意，只是这种正义必须要有人来做，更须要有人带头来做，才可使正道凌然，正气浩然！最后我以多年悟道所得而撰的白言诗，与从业和教学者共勉！

看风水须守正，心歪则会语偏。
最忧心邪祸人，当下地狱黄泉。

看风水莫生贪，恶念起功力退。
今日巧智诈财，明朝千金自毁。

看风水当遵道，顺理方可勘之。
谨记莫忘施言，知天命尽人事。

看风水为助缘，蹇顺替应果报。
一切术皆虚妄，惟有心能转境。

作者自述

陶导，道号冠元，辛亥年生于浙江绍兴平水的若耶溪畔。

有道："看名知其人"。就是说姓名能对一个人的性格、命运会起到潜移默化的作用。贤哲尹文子说过："形以定名，名以定事，事以验名"，意即人在出生后所取得的姓名，必会影响其人在处事上的成败得失，根据其得失是可以来验证所取之姓名的吉凶应象。故而《说文解字》甚至训义"名"为"命"，"名自命也"。即人的姓名与其人的命运是息息相关的。

导，通意字为"道"；繁体字为"導"，语云"尺有所短，寸有所长"，陶导之姓名寓意学道是本人的专长，我悟创"道"字的哲学理解有20余种。陶导两字引申开来有四个不同的含义：

一、陶可理解成陶醉，导引申为学道。我在既非祖传、更无师承的情况下，完全是出于好奇而接触易学的。随着把所学理论付诸于实践中的应验之增多，激发了我学易的坚定信心，同时也促使我对道学产生了痴迷的执著心。

二、陶可理解成陶铸，导引申为教导。把我对易经的学习经验和心得体会传授给学员，力求使其少走弯路、不走歪路和立地证道，从而培养学员自发地增加学易的浓厚兴趣，以造就更多的道学人才来为更多的众生造福。

三、陶可理解成陶然，导引申为顺道。因风水技术的专业性和认真务实的敬业心，使客户只要顺着我的指点去布局，当为喜气迎门的吉宅，同时也使许多被误勘的败宅经我调整转祸为福。

四、陶可理解成陶冶，导引申为引导。用"自然、平衡、和谐"的易经理念在改善生活质量的同时也用道德规范去完善人们对生活的态度，把那些误入歧途的人导之以正道，从而确立健康向上的人生观去积极开创美好的未来。

道号冠元，其笔划为十三阳火之数，此数理为“天赋吉运、能得人望、善用智慧、必获成功”之吉格，十三阳火之数表太阳，即如初升的朝阳，蓬勃向上前景无限光明。冠者，出类拔萃之意。冠，由“冖、元、寸”组成，表我对道学的感悟和弘扬由茕茕孑立的寸小之元通过劝人为善、导人修心而发展成自立于天地间之广元。并取意五种：

一、《说文》曰：“元，始也，从一。”干事业和做学问，一定要在开始时就脚踏实地，一步一个脚印地向前走。要学好玄空风水，一切得从易象中扎根，再参象推卦，如此始可进入玄空学之神秘宫殿，只有在不断地实践悟创中升华理论，才能摘取其冠上的明珠。

二、何休《公羊传解话》曰：“元者，气也。无形以气，有形以分，造成天地，天地之始也。”《内经》曰：“人生于地，悬命于天，天地合气，命之曰人。”即人是得天地之生气、日月之灵气而生的。君子当须与天地相参、与天地合德，故抱“冠天地之生气，元人和之德性”来立身处世。

三、《易·乾文言》曰：“元者，善之长也。”告诉人们应该善于利用人的意志主动性，结合风水能改善命运的长处，把自身的生命能量最大限度地发挥至极点。

四、元同圆，喻指地球。意即在让玄空风水造福人类的同时，更把道学文化中追求人生大圆满的处世方法传向全世界。当然，弘扬之路漫漫而修远兮，我将肩负此任上下而求索。

《易经》这部中华文化之魂的元典，被道教尊为三玄（《周易》、《老子》、《庄子》）之冠。吾自入道以来，正己明心、修德养性，潜研杨公筠松等仙师所传之精术，辛勤耕耘于将玄空风水与现代阳宅有机结合的特殊领域，参悟察风看水之理数技法，并为众多的住宅、商铺、工厂指点迷津，惠风怡人、净水涤心而深得客户佳评。近年又本着传法是为了更好地应用于实际操作造福众生的授学之道，倾力打造风水实战培训，以此为创建和谐社会尽自己微薄之力。

本着“冠凭弘易之志，三界众生受陶；元承玄空之功，世间万物得导”之意旨和“以术弘道、明道立德”之宏愿，致力于弘扬玄空，为民植福；传道宣德，营造和谐！

第一章　理论求真篇

第一节　论定向

看风水首先要确定的是房屋之坐向，能否正确定向是判断阳宅吉凶是否准确和调整是否有效的关键，若连这最基本的第一步都错的话，则全盘皆错。

阳宅定向的方法，长久以来都缺乏一个较为清晰明了的解说，以致产生了很多的定向方法，概而括之不外乎以下四种：

1. 以阳定向——受早时以阴静为坐、阳动为向作指标的排龙诀和吴天柱的近水立局法之影响，后期风水师提出了在空旷处、马路边、河湖旁、临窗户、受光面的住宅，均以阳来定向。

2. 以形定向——形指屋形，现代的设计理念使大门多是在边上旁开，这种式样的住宅以整体屋形之朝向来确定。

3. 以气定向——于户外言，有明显高低之势的，以低处为向；于室内讲，把通气处最大的一面作为来气以定向。

4. 以门定向——即以出入之门来定向。当有多个门时，以有门牌或走动较多之门来定向。对一座有数家单位的大厦，则以大厦总入口来论主体风水，各家单位的私门是其所居住的单元气口来论。

那么，到底以何种为准呢？

其实，蒋大鸿在《天元五歌·论阳宅》中早云："八宅因门坐向空，三元衰旺定真踪"。这句话是讲，阳宅是根据门来确定坐向的，世俗所谓的阴静为坐、阳动为向的理论是空洞错误的。在依门之坐向排得宅命盘后，就对宅命盘中的山向飞星依三元九运之规律作出其消长兴替的判断，这是确定阳宅吉凶祸福的重要依据。

那么，蒋大鸿为什么要特意写上以阳为向的理论是空洞的呢？

一向重验证的蒋大鸿，居于河流纵横的水乡绍兴，当时的住宅多是依水而建却出入在前或门与数扇并排大窗不在同一面的设计风格，使他通过检验才作出以河湖、窗户等来定向是错误的论点，并根据平洋之地的水法写出了旷世奇书《水龙经》。

此宅出入在前，后门依河

门与数扇大窗不在同一面

绍兴是一座历史文化名城，在古建筑保存仍较完整的老街区，还随处可见以上的房屋。

同样一句话，由于各人的学识、理解之不同，对前句就有了数种不同的解释。

有的认为："八宅是根据门的坐实向空来定的"，要知门不一定是坐方为实、向方为空的，现代公寓尤其多见门之坐方为大窗或阳台，这种阳宅又该如何定向？该作者在其专著中强调看风水一定要以门定向，这自相矛盾的话语又当如何自圆其说？

也有的认为："八宅者，即四正四隅，二十四山各宅之坐向也。而阳宅大门，往往有骑缝向，如不午不丁不丙不巳之类，皆为空向，又名双向，大都为安门时失于检点所致，以三百六十度，分派二十四字，每字辟十五度，门向在七度半者，即犯空向，俗称空亡向，此等实利于释道空门为最直，人家则均忌之”。他对八宅的解释为二十四山各宅之坐向，又把坐向空解释为门正骑在空亡向上，那么这个“因”又作何解呢？

还有的认为：“阳宅以大门朝向而定吉凶，不以坐山而论休咎”，是符合蒋大鸿在《阳宅天元赋》中“坐山定宅，宅既不真”的真言，但不合原句之述。

更有随意篡改文字且解为：“入宅因门坐向空，即入宅后不用再把里边各房再依次定向立极也”。呜呼！文理更不通，易理越错解。

蒋大鸿在《归厚录》中云：“宅气从门，一门易向，灾祥异论” 。盖气本横行，无途入宅。门户一启，气即从门而入。要了解他的语意，首先要明白方向与方位的关系，现列图说明。

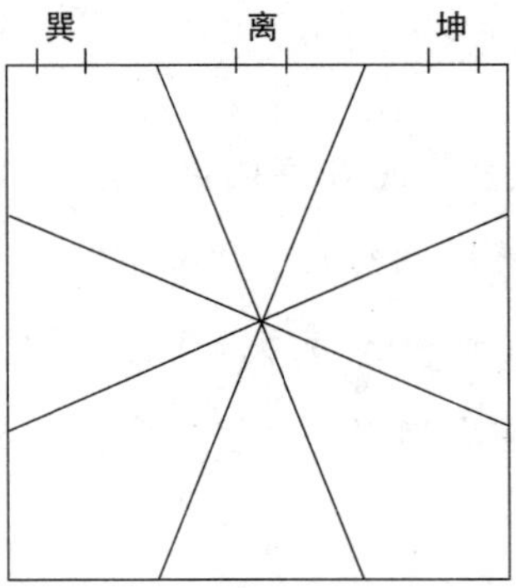

巽、离、坤三个门的方向都是坐北向南，但方位却依次在东南、南、西南三个方位。

例举七运之子山午向，门可开在巽方41、也可离方 86、还可坤方 68，其方向均一致，方位却不一。方位因每宫之飞星不同，当然会有灾祥之分。但上面是论易向，即指变易坐向，同样宫位会因不同的山向而有吉凶之别，如把子山午向改为壬山丙向，同样的巽方，一个为 41，一个为 23，灾祥也就随之改变了。

午

4 1 六	8 6 二	6 8 四
5 9 五	3 2 七	1 4 九
9 5 一	7 7 三	2 3 八

子

丙

2 3 六	7 7 二	9 5 四
1 4 五	3 2 七	5 9 九
6 8 一	8 6 三	4 1 八

壬

当然，以门定向只对常规阳宅能适用，并非是放之四海皆可用。蒋公曾有:“后复自言所得，作《天元五歌》，然皆庄蒙所谓糟粕。必求其精微，则亦不在此也”，是为确言，在其后期著作中透露了另外之定向法的要领。

第二节 论立极

在确定了阳宅的坐向之后，接下来就是人站在室内之中心点上进行下盘，以量度出精确的度数和所属的八方，然后勘察断事和调整催旺。值得一提的是，罗盘不是仅用于测向定位的工具，而是包罗了经天纬地的灵器。使用它固然需要有正确的操作姿势和方法，更要抱以一颗济世度人的慈悲心去衡量，方能测得准确的数据。

经云:“中五立极，临制四方”，这中五即指洛书盘中五黄所寄的中宫，也是中央、中心点之意，立极就是放罗盘以飞线定中宫的位置。

在古时由于房屋都为方正形，故只须站在对角线之交叉处就为立极点，但现在的阳宅设计形状多不规则。因此，常见的书上写有以下五种找立极点的方法:

一、以物理学的力学重心为中心点。

二、除去凸位的部分，再找寻中心点。

三、补足凹位的部分，再找寻中心点。

四、将凸位和凹位部分平均起来，去求得中心点。

五、以数学的几何形，去求得中心点。

这种以物理重心、平均求值、几何形心来求取立极点是呆板的，试问：一个曲尺形的房子其立极点按上取法势必造成偏居一处，甚或在室外的现象，这可能吗？假若成立，又如何勘宅？要找准立极点，关键是要明了气在室内的原点所在处。

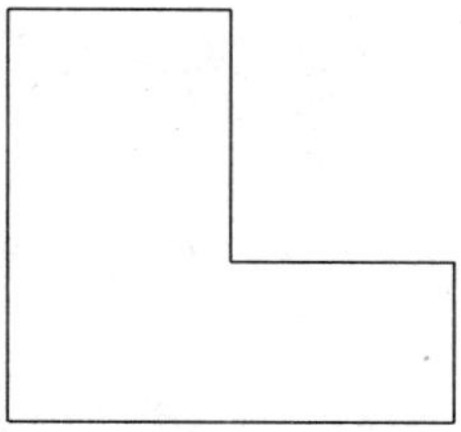

曲尺形

有道:“物物一太极，宫宫一乾坤”，故而阳宅有以整座大楼或整间房屋来立极、有以人所在的重要区域卧室或办公桌来立极、有以房屋内对每个房间一一来立极，这三种立极法是可运用但并不适用。

其实，真正的立极法在《青囊经》中已云:“无极而太极也，理寓于气，气囿于形”。对阳宅而言，房屋在起造前或仅为外形轮廓时，属于无极状态，无方无隅。当因我所在，就可由此假立出一切方隅，此我即气也。而气在受到室内不同格局的影响时，八方就会随气之所在而发生变化。

由于现代房型的多样性，立极之法又衍生出二种截然不同但却极为适用的分极和气极。

第三节 论定运

确定阳宅的元运，应是玄空飞星学中最为简单的内容，可就连这点，现很多在以此策划服务和开班授学的风水师还弄不清楚。

有自称对风水学之实践已 30 年，把所有操作秘法全部公开在其专著内的某人，其对定运之重要心得特摘录如下：

一、七运动工，至八运才封顶竣工的房子，以八运立极为主，兼看七运星盘。

二、七运动工并封顶并主体工程完工，八运竣工的房子，以七运立极为主，兼看八运星盘。

三、七运建造并竣工，八运入住的，以七运立极，但催旺化煞方面兼看八运星盘。

四、八运买到七运屋，不管有无装修，统统还是七运立极，除非能真正改换天心。

其实，先哲早就用很简练的一句话，对房屋在元运交脱时该如何确定元运作了明示。以两运合看而取主次的方法，实是对元运无法作出准确的判定。试问：若户主不能明确地探知到主体封顶或竣工的具体时间，那该如何？若七运与八运之星气旺衰正好相反时，难不成就无法勘宅了？

4 1 六	8 6 二	6 8 四
5 9 五	3 2 七	1 4 九
9 5 一	7 7 三	2 3 八

3 4 七	8 8 三	1 6 五
2 5 六	4 3 八	6 1 一
7 9 二	9 7 四	5 2 九

上图是同为子山午向的七运与八运之宅命盘。按七运星盘看，可催动的方位是坎、坤、震，但这三个方位若按八运星盘来看，则是生旺山星和衰死向星，催动不但不能应吉，而是立遭凶应。在这种情况下，如何主兼二看星盘？又如何进行催旺布局？

更甚者，有称之为“中国风水第一人”的某教授在分析蒲松龄故居时，其对跨运的阳宅之定运方法是转运必换。若是这样，那就没有“入囚”和

“改换天心”之说了，“运遇迁移宅气改”之语也成了一句空言。

我要说的是：现代公寓的样式虽然千姿百态，可对其的种种操作方法仍很难超出古人的理论。只要能破译他们的隐语，就可找到答案。还有奉劝一句：风水是双刃剑，千万不要不懂装懂，要知布出凶局致人招祸是要承受果报的。

其实，即使能正确地区分出元运，仍是不够的，定运还有一个很重要的细节要注意，若错照样会全盘皆错。

由于人们对住房品位的提高，装修旧居或买卖换房更趋频繁，及因出外就业而租房等因素，大家更应把握对以下现象的定运：

一、七运入住，至八运装修刷新算何运？

二、八运时，买了七运的二手旧房呢？这又可细分为无人住过的毛坯房，要装修；人虽住过但还新，不作装修就迁入；人已住过较旧，装修后再入住。

三、八运时，租了七运的住房、店铺或写字楼呢？

四、七运入住时，举家出外经商至八运回来，以何运算呢？

五、七运旧房，至八运对某房间作全面装修，如卫生间折旧改新或孩子长大后把某房装修作结婚新房，又该如何算呢？

六、城市因美化环境，至八运时对七运的旧楼进行整体外墙立面的改造，内中独户应以何运算？

七、七运的厂房，至八运加建新的生产车间，该作何算？

第四节　论放射线与九宫法

在分析风水之气是八卦放射线还是九宫分割法之前，先来理解“天圆地方”这句话。

天，其大无外、其小无内，既如此又何能说其为圆？圆者，气也。此天圆指先天之气周流不息的循环运行；地，本无方位，也无方向，既这样又何能说其为方？方者，形也。此地方指后天之气囿于形而有四正四隅。

可见，洛书盘中的九宫是人为设定的，气场的分布也不是平等的九格。天圆地方的实质是先天浑圆之外气进入室内，在立极点处被转化为后天九星之气后，以八卦放射状分布于八方，为便于运用再以九宫格式样画之。

蒋大鸿在《归厚录》中云："八卦之方，九宫之次"，就是讲气以八卦放射状的方式分布，其次按九宫格的形式画之。

特克斯八卦城

诸葛八卦村

从上面二个图中可以看到，特克斯八卦城①和诸葛八卦村②中八卦图案的排列都是呈放射状，这难道是一种巧合？

下面再对八卦放射线和九宫分割法，作图说明：

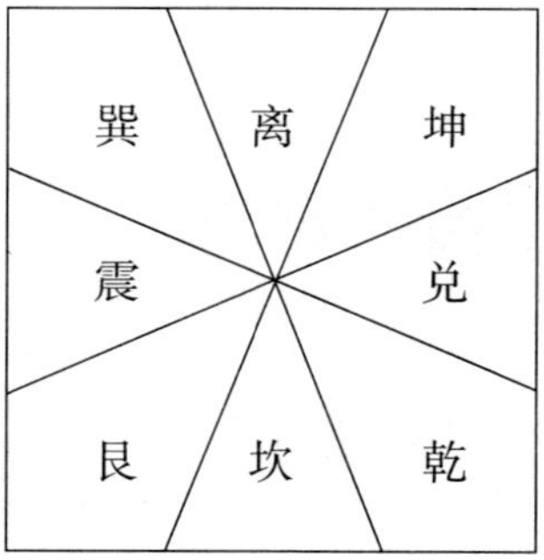

八卦放射线

巽	离	坤
震	中	兑
艮	坎	乾

九宫分割法

蒋大鸿在《阳宅天元赋》中云:“四方正直，备有八宫。匾阔直长，偏居二卦”。先来看持九宫法者对这话的解释:“宅形须四方正直，不宜缺角，如多角形、钻车型便不合格。宜可分八宫之宅，不可缺宫欠角。无论怎样偏阔直长，总要分定先后天八卦视之”。

我对它的浅识是，前句指四边方且正的房子，气是均称分布于八方。后句指匾阔或直长的房子，气就失衡偏属在二卦。

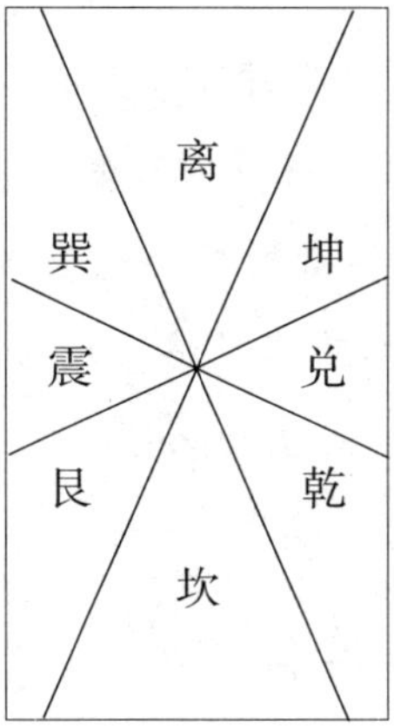

放射线看直长型，使气偏居离、坎二卦

九宫法看直长型，每卦受气都是相同的

后句若用九宫分割法来论，在匾阔或直长的两端都是大小相同的六宫，又怎会有偏居二卦之象呢？蒋公又述:“卦有定理，格不一方。震兑横若几样，二卦适均。艮坤折若磬形，两宫并至”，是对九宫法每卦受气都相同的论点再次进行有力地批驳。

除非当阳宅的外环境或内格局合乎特定条件时，九宫分割法方可成立。

注：①伊犁的特克斯八卦城最早出现在南宋时期，是由道教全真七子之一、龙门派教主“长春真人”丘处机应成吉思汗的邀请而设计。县城以中心八卦文化广场为太极“阴阳”两仪，按八卦方位以相等距离、相同角度如射

线般向外伸出八条主街，每条主街长1200米，每隔360米左右设一条连接八条主街的环路，由中心向外依次共设四条环路。整个县城呈放射状圆形，街道布局如神奇迷宫般，路路相通、街街相连。它是现今世界上惟一一座保存良好、卦爻完整、规模最大的八卦城。

②诸葛八卦村，位于浙江中西部兰溪市境内，村中现居有诸葛亮后裔近4000人，为全国诸葛亮后裔最大聚居地。据历史记载，诸葛村整体结构是诸葛亮第27代裔诸葛大狮按九宫八卦设计布局的，整个村落以钟池为核心，八条小巷向外辐射，形成内八卦，更为神奇的是村外八座小山环抱整个村落，构成外八卦；村内以明、清建筑为主，现有保存完整的明清古民居及厅堂有200多处。虽历经数百年，但村落九宫八卦的格局一直未变，其“青砖、灰瓦、马头墙、肥梁、胖柱、小闺房”的建筑风格，成为中国古村落、古民居的典范。1996年被国务院批准为全国重点文物保护单位。

第五节　论四隅卦

四正和四隅是人在立极点看周边而设定出的八方，就像人坐在正行驶的车内，面向车头。当车向正南方行驶时，人前面的车头必定位于人的正南位且是向正南行驶。但当车向右转弯时，车头就变成了向西南方行驶，只要人还是坐在同一位置和面向车头的话，那么人前面的车头必定位于人的西南位且是向西南行驶。

此时，即使人面向不同的方向，只要座处不变，人与车头就永远对应在东北与西南这一轴线上，车头还是保持向西南行驶的方向。

当车转向任何一方时，司机定是面向同一个方向。屋如车，风水师在测量不同朝向的房子时，所测的方向势必与房子的朝向是一致的，方位不变但参照物会随之而异。

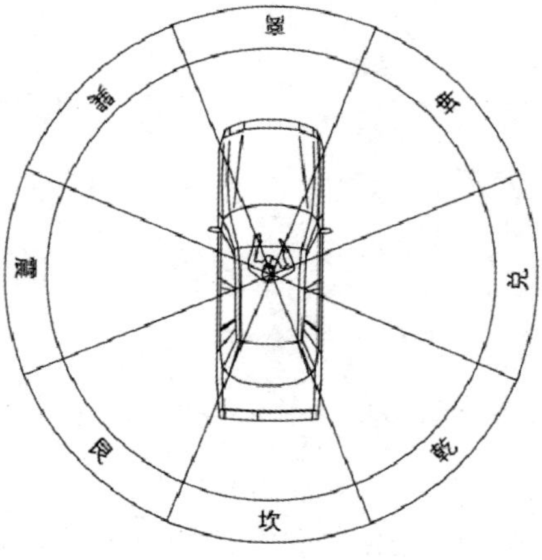

朝正南行驶

朝西南转弯

对于四隅卦，蒋大鸿在《阳宅天元赋》中已有：“坤向深沉，兑离二门皆不应。正南重叠，巽坤两户总无凭”的阐述。

可有人凭私智乱解其意而致一盲引众盲，下面就来看他的图示解说：

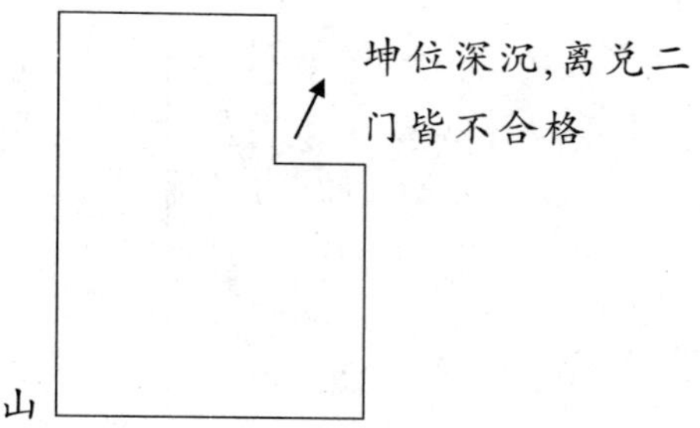

从图来看，不但没有解释坤向，而且把坤位说成深沉这是不合文意的，应叫缺角或凹陷方为合理。

所谓坤向深沉，兑离二门皆不应。指门口向坤方，内中修长深沉的房型，则兑离二宫都不适合开门了。

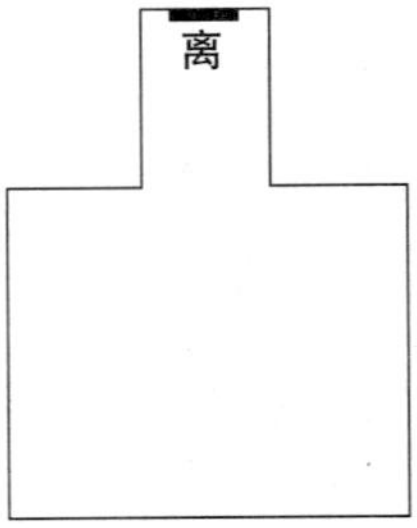

正南重叠，巽坤两户亦不平正

从图来看，不但没有说明重叠，竟还画成凸出形，又把总无凭理解为不平正，可谓风马牛不相及。

所谓正南重叠，巽坤两户总无凭。指正南之方向和方位同时重合在一起，则巽坤两门都没有位可安了。

若是按九宫法来看，任何一个方向都会分割成三个均匀的卦位，那么蒋大鸿又为何会有二门皆不应、两户总无凭之语呢？

若是按其人所提的四隅卦理论来看，坤向的阳宅，不应的当是坤门，兑离二门应是有位方才合其理。其实四隅卦不会对方位起另外的作用，但因其是以四维卦为坐向，在操作上会有别于干支的山向。

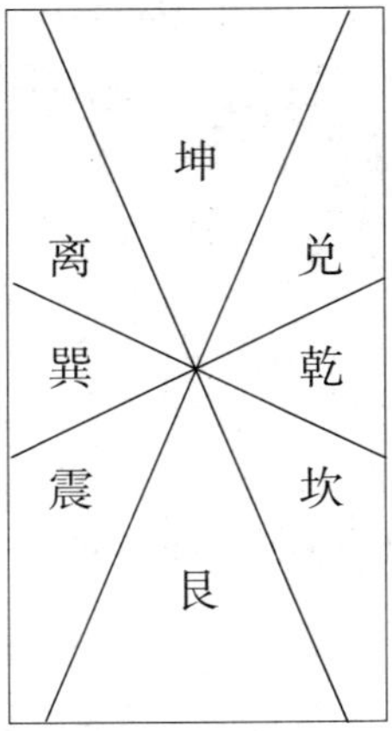

第六节 论旺山旺向与上山下水

在一至九运中，24 山下卦共排得 216 个宅命飞星盘。根据其当令的向星或山星飞临向首或坐山的现象，可分为旺山旺向、上山下水、双星会坐、双星会向这四种格局。

这种分类只是对众多宅命盘加以区分和归纳，并无其他意义，更不能以此呆板地来直接论断阳宅的吉凶。可总有那些对飞星术一知半解者，以此来批驳飞星学，这样只会暴露自己的浅薄无知。若是故意以此来诋毁飞星学，那是属于对正法的诬蔑，是一种罪过。

飞星派宗师章仲山写有一本形气相兼的经典之作《心眼指要》，他自谓："眼以形言，体也。心以理言，用也"。眼是指看得见的有形峦头，心是指须心法推算的无形理气。餐霞道人姚廷銮云："峦头为体，理气为用。盖峦头犹人肢体，五官具而成厥形；理气如有耳目，则有聪明之德。故峦头、理气，缺一不可。若只凭峦头不兼理气，是有耳但不聪、有目但不明，枯槁无用如木偶然；徒讲理气不求峦头，则欲聪但无所寄、欲明但何所施。纵另出奇巧而平空结撰，岂能有济哉！"

飞星学讲究的是因形求气、因气察形，因星度象、以象推星。形气相兼以默参九星生克之量来推休咎，是飞星学的要旨。

例七运之庚山甲向

	8 4 六	4 9 二	6 2 四	
← 甲	7 3 五	9 5 七	2 7 九	—┤ 庚
	3 8 一	5 1 三	1 6 八	

仅按宅命盘看，在七运时，当令向星 7 到坐山，当令山星 7 到向首，谓上山下水局。但若其在生气向星 8 到的艮宫开大门，在当令旺气向星 7 到的兑宫置鱼缸，则不但不会破败，反大益财源呢。

所以，希望只会以宅命盘来论吉凶者可休也，说飞星是只求理气不讲峦头者也可休也。

第七节　论吉星不吉与凶星为吉

只要稍有飞星常识的，都知道在八运时以八白为当令旺气、九紫为生气、一白为进气，若在这三颗向星所在处，其山星为衰死时则符合出煞当应布风水轮、鱼缸、开门设窗等来催动以求财招福。

早期的阳宅多为四正线向，从 1997 年起为人勘宅的我，就是纯在向星七赤、八白、九紫的方位设鱼缸来引动气场，往往能有较好的效果而得到好评。同样的阳宅，当元运发生变化时，其星气的旺衰就会随之发生变化，那么原先所布的局就要作出相应的调整。因此，至八运时，由于运遇迁移使宅气发生了改变，原本至八运时更应以旺论的八白和九紫却有凶应发生的现象。于八运时所排得的宅命盘中，向星八白、九紫、一白在催动时也会有不吉之事的发生。这个现象，相信有好些在教飞星的老师自个也未曾知其缘由。若不能明了其因，又焉能为人催吉？

后来，有位神秘高人无偿指点我，对这些不能催动的生旺向星，若在布水催之的同时配合其他的调整，不但无凶象，反而能利偏财。

这是以布水引气来催动生旺向星之肯定——否定——再肯定的过程，是合乎“道”的。道字的首表大脑思考得出的见解，辶表运行。意思是说，人的认识是一个渐进的过程，我们思考所得的理论应在实践中不断地加以总结来完善它，以趋向真理。修道，即修正自己的观念以证真法。所以说，人非圣贤，孰能无过？关键是能否勇于做到：知错必改、有错必纠！

易告诉我们：任何一个事物都是有阴阳之分的，且阴中有阳、阳中含阴。飞星以元运定旺衰，其旺衰也不是绝对的，上面所讲的就是阳中含阴，阴中有阳就指凶星为吉。

在八运，七赤为退气，二黑与三碧为死气，余下的四绿、五黄、六白为煞气，这六颗飞星均以凶论。蒋大鸿在《归厚录》云："三吉为纯，辅弼无咎"。在《阳宅指南》中又云："第四要诀辅弼星，他宫左右审虚盈。一重辅弼一重福，若是重重福不轻。有人识得辅弼诀，选宅安身事事宁"。也就是说，这六颗衰星中有二颗是辅弼吉星。但为何很多人会不知呢？要知这辅弼星若以吉论是有诸多条件的，稍有不合立马应凶。它们可以通过置水、通气来催之，但也会因这而发凶，而且即使布局符合，还会因与流年飞星的关系使性质发生变化导致凶象的发生。

除三吉和辅弼外，剩余的四颗衰星在特殊情况下都可变为吉星。例阳宅入囚时，要催旺财源，还须仗向星五黄的功效。流年飞星五黄到门或有动象，并非都是应凶，还有得意外之财、催动马星或发贵旺丁呢。

我现写出衰星仍可为吉，仅是点个窍。希望有些人不要以试求猜，毕竟风水术不能靠猜谜找答案，只会越猜越迷；更不能拿人做试验，当心遭受天谴。

知道了吉星不吉与凶星为吉的道理后，也就理解为何在定向、立极、元运等等都错误的情况下也会有偶中的原因了。这种似是而非的巧合，经不起反复检验。要识破其理论的真伪、操作的对错，最佳的方法就是让他遵循"风水"的本意去置鱼缸、挖水池和设门窗、做玄关，而不是胡乱地去布置那些没功效但却为暴利的所谓吉祥物品。

注：

1. 对前期在香港出版的《玄空风水阳宅操作》，本人只简练地阐述了玄空飞星的基本常理，仅助初学者入门，虽然如此，还是得到了诸多读者的青睐和好评。敝人不忍再以不完善的浅识误导初学者，故已请中国哲学文化协进会不要再版了。在此，向已购买了此版本的读者致以深深地歉意，同时为感谢易友的支持和更好地普及玄空，我会把玄空学理详尽地写入《玄空正经飞星解》，请广大玄空学爱好者留意。

2. 蒋大鸿在《秘传水龙经》序中言："知而不以告人，为不仁。告而不以实，为不信"。鉴于本人才疏学浅，《和谐风水——玄空操作实务》难免会有错纰之处，敬请前辈高人对拙作中凡属我个人之见解，尽请大力斧正！凡能合理提出误区或给予良好建议者，崇尚以"效验为书和探误为师"的我，定向您致以深深地谢意！当然，对书中只作点窍不予公开的秘诀，请不要作无谓的指责。

3. 我认为作者当应本着"须真须精，勿饰勿滥"和"不以此求名利，但求无悔学子"的宗旨写书。学易几年，看书数本，只觉现代版的风水书，要么完全脱离正统风水学说，要么胡编乱写充斥伪学歪理，要么就是让人看得越加迷糊。特写此章求真，并无贬人之意，纯属学术争辩，只为引导读者，把握正确学理，早入玄空殿堂。若有不同观点，欢迎交流探讨。同时，对好为著书立传者，本人有言奉劝：地理不精，可能害人十家八家；写书不慎，害人岂止千家万家！胡乱出书著文，是会大损阴德的。

第二章　卦象新说篇

第一节　时代呼唤形象思维

《易经·系辞》云：“易与天地准，故能弥纶天地之道。”就是讲易经是以天地运行规律为准则，所以能将天地间万事万物的发展变化无一遗漏地包含在这一规律里。

《说卦录要》和《先后天八卦取象》中所举卦象大抵赅备，但古今事物变迁，有今无古有者，有古无今有者。现代社会日新月异，产生了许多新生事物，我们要遵循《易经·系辞》中所云的：“圣人有以见天下之赜，而拟诸其形容，象其物宜，是故谓之象。”的原则，对八卦取象作出新的归纳和演绎，从而使卦象学说更趋具体和完善。这诚如先贤来知德所言：“圣人立象，有卦情之象、有卦画之象、有大象之象、有中爻之象、有错卦之象、有综卦之象、有爻变之象、有占中之象。正如释卦名义，有以卦德释者、有以卦象释者、有以卦体释者、有以卦综释者，皆言象也。”

《河图》之先天数为体，《洛书》之后天数为用，玄空风水学就是把握体与用的原理原则，以九星来概括宇宙万象。当代著名科学家钱学森说要建立的唯象理论，就是要研究客观事物的规律来总结许多现象，并把这些现象收集起来，分门别类，加以研究，找出它们的内在关联和本质。《周易》正是这样，将天下万物归纳为八种基本物质，用八卦之象以类万物之情。《系辞传》中说得明白，八卦的卦象，是用来表示客观事物的形象。卦象，有取卦形者，有取卦理者，有取卦义者，八卦就是借助卦象而生其义，任意发挥去解《易》。

钱学森又说："如果逻辑思维是线性的，形象思维是二维的，那么灵感思维好像是三维的。灵感思维，实际上就是形象思维的扩大，从显意识扩大到潜意识，是从更广泛的范围或是三维的范围，来进行形象思维。"所以，钱学森指出灵感思维的突破口在形象思维，如果形象思维解决了，那么灵感思维也就比较容易解决了。

灵感，既不是从天而降，鬼使神差，也不是无源之水，无本之木，灵感虽孕育在潜意识之中，但它从起始到发生，又离不开显意识活动的参予。因此灵感思维的发生是显意识和潜意识相互通融、相互体用的结果。这就是说灵感是必须经过孕育的，是潜意识活动的产物，正如钱学森所说是人灵而非神灵。因此科学思维要想获得灵感，必须进行孕育。灵感和顿悟都是潜显意识沟通的标志，二者的区别：灵感是顿悟的前兆，顿悟是灵感的爆发。

我们研究易理，要掌握的就是形象思维，需要的是灵感。在我对兑运和艮运的卦象新说中，处处体现的是形象思维的运用，希望读者通过对本章的学习，能够加深对卦象的理解和补充，从而提高断事的准确性。

第二节　兑七运社会现象之易理分析

自甲子年至癸未年为下元七赤兑运，近期之七运是自 1984-2003 年。

一、从兑之象形字来看

兑：

1. 兑五行属金，也表机械。从家庭用的高压锅、电冰箱等金属制品至重工业的机械设备，交通工具等。

2. 兑表兑换。物物对换是经商贸易的原始雏形，事实敢为人先做生意致富的温州人及所树立的温州经济模式就是最有力的证明。

3. 兑表汇兑，指金融业。各大商业银行业务迅猛发展，为经济建设起到了推波助澜的作用。

4. 兑表交流。推行开放政策使东西方交流日益频繁，国家领导人互访、企业考察取经，处处体现着交流带来的生机。

蜕：

1. 蜕表蜕化。一切向钱看，使许多人丧失伦理道德、泯灭良知，尤其官员腐化堕落，商人利欲熏心的事时有发生。

2. 蜕表新生。各种新生事物层出不穷，社会日新月异；推行民主选举，取消领导职务终身制，培养新生干部。

锐：

1. 锐表改革。邓小平打破两个“凡是”论，大刀阔斧进行政治经济体制改革，从而改善了人民的生活质量。

2. 锐是精锐。国防上精兵简政与改进装备，拥有一支精锐的部队；企业中进行人事竞聘与技术改新，更好地适应市场经济。

说：

1. 靠口才为生的人吃香。如教师、律师、歌星、艺人、演说家、主持人、翻译、推销员、司仪等，青年男女通过自由地谈情说爱来加强感情交流，嘴巴除讲话的功能外，还有吃喝功能，人们在解决温饱后更注重美食口味，饭店酒楼鳞次栉比。

2. 言论自由。各个领域著书立说，报刊社论、访谈传真是百花齐放，百家争鸣。

悦：

1. 悦表喜悦。随着人民生活水平的日益提高，百姓安居乐业，全国上下呈现一片祥和愉快的气氛。

2. 悦表娱乐。歌舞厅、游戏厅、游乐园等娱乐活动的兴起，使人们在感官上得到了愉悦和刺激。

3. 悦表巫术。有“以歌悦神”之意，即巫婆神汉的复苏，还可引申为通过气功修炼达到特异功能的人。

4. 悦表佛教。兑卦对应的动物是羊，取“以羊祭神祈降祥”之意，大兴寺庙、梵声盛隆。

脱：

1. 脱表离开。有到国外定居的移民，有离开家乡的打工者，有发挥个人技能或谋求高薪的跳槽者。

2. 脱表脱离。有些领导办事与中央政策脱节、与人民群众脱离；经济改革后，使许多人脱离了贫穷的阶段；台湾当局脱离民众意愿搞分裂活动；假货扰乱市场，仿真科技的兴起。

3. 脱表脱衣。脱衣舞的色情活动又沉渣泛滥；少女们的露脐装、低胸装、低腰裤、内衣外穿等无不在显示着“脱”字带来的影响。

帨：

古代女子配在身上的小手巾，在现代引申为小饰品、小工艺品及家居、汽车的装饰品等。

税：

“取之于民，用之于民”的税收政策得到了全民的热烈响应，以更好地服务于国家的建设。

阅：

新华书店、图书馆、影院等成了人们提高修养、获取精神食粮的主要场所，也指文化知识的普及得到了高度重视。

二、从兑卦中庚酉辛三山来看

1. 庚是刀。手术刀指医护行业，也包括医药销售等；泥瓦刀指建筑业；斧头指装饰业；剪刀指服装设计，也泛指轻纺、印染等相关行业；剃刀指美容业及相关的美容化妆品；刀剑指武术，也指战争，武打片和枪战片充斥荧屏。

2. 酉是鸡。指家禽类的畜产品上了普通百姓的餐桌；也指妓女。

3. 辛为金。指人们穿金戴银来体现自己的富贵气质，以富有吉祥寓意的金属工艺品来装点生活的品位。

三、从先后天卦的对应组合来看

七一：

7 为嘴，1 为水。表棒冰、咖啡馆、茶楼、饮水机、饮料、水产品的兴起。

7 为妓女，1 为肾脏。性开放导致性病已经跻身为我国三大传染病之一。

7 指缺口，1 指江河。指江河决堤而发生洪水，引申为国家加强对水利的建设，以造福于民。

7 指阅和悦，1 指生殖器。指街上的性教育报刊和碟片、性用具商店比比皆见及。

7 表口才，1 表阴险。指诈骗案件和欺诈行为。

7 为金，1 为水。即金属像水一样流动，喻指汽车、火车、轮船、飞机等交通工具，也指道路网线的发达。

四、从先天河图数组合来看

七二：

在先天河图数中，二七同道为火。火灾事故频繁发生，给人民的生命财产造成严重损失。

7 为刀为脱，2 为腹，又 72 均为阴星。表少女因未婚而孕做流产手术。

7 表新生，2 为坤主收藏。即控制人口，计划生育。

7 表机械，2 表土。指围海填河等改造自然或恶化环境的行为。

7 为口为针，2 为病符星，吸食和注射海洛英毒品。

7 为分离，2 为坤为子母牛（性顺多孕，生生相继为子母牛，好几代同堂）。表子女与父母分居而住。

7 为刀，2 为黑。指黑社会性质的犯罪组织；撬盗车辆、入室作案、拦路抢劫等现象屡见不鲜。

7为娱乐，2为坤卦，符号为☷，如棋子、麻将、扑克等娱乐工具，以赌为娱成为一种不良风气。

五、从阴阳合十组合来看

七三：

7为少女，3为长男为高。其阴阳合十，表少女择偶标准为高个子或有责任感的年长男子；也泛指二奶。

7为金为少女，3为木为长男为动。兑运当令旺金克木，主女性当权。男人在家上交钱后，还要料理家务。

7指饭碗，3为革除。社会人事体制彻底更改，打破了大锅饭和金饭碗，推行竞争上岗和聘用制。

7为脱离，3为浮躁。不少人心躁意浮、好高骛远做白日梦。

7为西方，3为蚩尤，表战争。如海湾战争和美国9.11恐怖事件等。

按：在《春秋纬·元命苞》中云："苍帝史皇名颉，姓侯冈，生而能书。于是穷天地之变，仰观奎星圆曲之势，俯察龟文鸟羽山川，指掌而创文字。"他与伏羲的"仰观天文、俯察地理"而画卦有殊途同归、曲工同妙之处。

第三节　艮八运社会现象之易理推测

自甲申年至癸卯年为下元八白艮运，近期之八运是自2004~2023年。

一、从艮之符号☶来看

1. 象桥。城市的高架立交桥、跨海大桥。

2. 象天平。表生态平衡的环保；司法公证，法律公正；人们更注重通过法律途径来保障自己的合法权益；买卖公平，打破垄断。

3. 象电脑。上面长的一横为显示屏，下面短的四横为键盘。指计算机及与其相关的一切行业。

4. 象爬行。登山，攀岩等野外活动将是一种新的休闲健康方式。

二、从艮之象形字来看

根：

1. 根表植物。指树木花卉等绿色环保得到重视；根雕艺术品、仿古木制家具进入家居布置；根茎类食物，如人参、红薯、土豆的营养价值会被人更为注重。

2. 根表延伸。指利用空间往地下进行开发，如地铁、地下超市、地下停车场等。

3. 根表连结。连锁店是一种新的经营模式，已应运而生。

4. 根表根治。医学上的疑难杂症将被彻底根治，如爱滋病、癌症等。

5. 根表基因。指生物和化学上的基因，必将更加广泛地开发和利用。

6. 根表儿童。根为植物生长之始，对儿童和青少年的教育和健康是重中之重；也指自力更生的理念将成为青年人的主导思想。

7. 根表根基。现在的父母从小对孩子注重基础的培养，如胎教、幼教。

8. 根表归宿。海外华侨将陆续回国，为祖国的建设作出贡献；对悬而未决的两岸关系，我早在 2001 年就对台湾回归作出："雄鸡报晓辉映天，潜龙腾云沐泽地"及"双手合握之际，阴阳合璧之期"的公开预言，事实 2005（乙酉）年开春之际的两岸直航及其后台湾在野三党的领导人来大陆寻根访问正如诗言。

跟：

1. 跟指脚。足疗、修脚、泡脚、足球、街舞、跆拳道；路是靠脚走出来的，泛指代表输送石油和天然气的管道及通讯光缆设施。

2. 跟指合作。配设助理秘书；参股合资；联谊聚会。

3. 跟指跟进。更新换代，与时俱进。

4. 跟指跟踪。电子摄像在街上、商场等公共场所被广泛应用；跟踪采访的报道将成为媒体的重要节目；私家侦探和保镖将会在我国逐渐兴起。

狠：

1. 狠是严厉。政府加强公检等执法力量，加大惩治腐败的力度和整肃社会弊端。

2. 狠是全力。将全心全意为民办实事，便民中心应运而生。

垦：

1. 垦是开发。政府实施西部大开发和振兴东北战略，这是强国富民的大事。

2. 垦指农民。免收农业税减轻农民负担；取消农业户籍制提高农民地位；农家果菜和土养家禽，成了餐桌上的新宠。

3. 垦是开垦。承包荒山，植树造林。

限：

1. 限即止。能止物者手也，指手工艺制品、排球、雕刻、射击、钢琴、篮球、按摩、推拿、手机等；手也表手语，喻指残疾人得到更大关怀；能止人入内者，保安、门卫及防盗门；相对的停止，指禅定，表对佛教由表面的朝拜深入对佛理的探究，及喻静坐、瑜伽成为时髦的健身活动，也指人们追求新的精神追求，还指人们更注重休息来保养身体。

2. 限是限制。欲望的节制，汽车的限速超载，杜绝烂尾工程，防止机密的泄漏。

3. 限是极限。各种挑战人类极限的活动，运动场上原先纪录将被重新刷新。

4. 限是法规。国家的立法体系将更加完善，企业的规章制度将更加规范。

浪：

1. 浪指海洋。海洋资源将得到开发和利用。

2. 浪表旅游。旅游产业将更为蓬勃发展，且旅游热点将以海滩、山林、古迹为主。

3. 浪表沐浴。桑拿的兴起，为人们提供了消除疲劳的场所，洗衣洗车也成为一项有前途的行业。

龈：

人们更加注重牙齿的保健和口腔卫生。

眼：

视力疾病将由治表转为治根。

哏：

滑稽幽默的娱乐性节目深受大众喜爱。

茛：

毛茛是一种可作外用药的毒草，即指中草药和针灸为主的中医将再度兴起。

恳：

人际交往崇尚真诚相待、互相信任；诚信服务的理念，更为体现于各行业。

垠：

国土资源得到保护，禁止破坏。

恨：

抨击腐败针砭时弊；失足者悔恨不已。

退：

技术含量高的商品将简化到平常人也可以使用；一步到位式的培训将是新时代技能培训的主流；退位让贤使人事改革的深化；先试用不满意可退货，让购物变成享受而不再是负担；人的某些功能逐渐退化。

银：

银行卡、电子账务给人带来更大的便捷服务。

痕：

档案工作更加重视，收据凭证更加规范；纹身、彩绘等人体艺术登上大雅之堂。

粮：

以五谷杂粮为主的绿色食品将被人们所推崇。

很：

指程度加深，如网络得到极速地发展等。

良：

以德治国，社会秩序日趋良好。

三、从艮卦中丑艮寅三山来看

1. 丑是牛。以牛肉为主食的西餐；也指男妓牛郎。

2. 艮属土。表玉器、钻石、奇石为人们所追逐奉行；也指患结石、肿块之病的人越来越多；艮为鬼门，表魔术热，鬼怪片、科幻片将创新的票房记录，及奇事怪闻时有报道；艮为坚硬，喻指性格的偏执顽固，泛指心理疾病。

3. 寅是虎。虎为猫科动物，泛指猫狗之类的宠物。

四、从艮运看风水业前景

1. 风水策划被社会认可。艮之符号为☶，表山；艮为浪为水，玄空风水的精髓和核心就是山水配置。风水学说是易经理论的分支，也指根植于中国的道家文化得到重新认识。

2. 揭伪批痞当刻不容缓。艮为魔，指伪师和庸师，以惑迷人诈骗钱财，这将严重阻碍风水业的发展和学理的传播。

3. 阳宅风水是研究主题。艮为门为路，门与路是阳宅定向和引气的关键，故应将研究的重点放在阳宅风水上。

4. 风水玄学为科学佐证。艮为气为果，气的性质和运行规律将被发现，由此揭开了风水的内涵，杜绝了庸学伪理的传播。

五、从先后天卦的对应组合来看

八六：

8为根本，6为头脑为金钱。以知识为本钱的行业是新时代的需求，如广告策划、信息咨询等服务类如雨后春笋，蓬勃发展。

8为小为民间，6为钱为国策。政策会允许民间借贷合法化。

8为根基，6为祖先。寻根问祖、修缮家谱成为一种新时尚；人类起源和物种构造之谜将被解开；性教育放入启蒙教育中。

8为少男，6为老父。后天之艮在先天之震，震为长男。其全为阳星组合，表同性恋，无性婚姻。

8为根为浪，6为生物。地下和深海生物将现世，它们将成为人类新的探索热点。

8为开发为旅游，6为太空为金星。开发太空且进行太空旅行；外星生物将会光临地球；外星体会坠落到地球上；根据先后天卦的兆示：地球向太阳逐渐靠近，人类的祖先来自金星。

8为幼儿，6为老年为事业。少年老成，社会各行各业成低龄化趋势。

8为小，6为交通为地球。因快捷的交通而使地球东西南北之间的距离缩小。

8与“爸”谐音，6为父亲。88的组合象征爸爸这一亲切的称呼将确定为法定节日。

8为小，6为科技。高科技产品有一个明显的特点就是形状越来越小，功能越来越全。如笔记本电脑、微型手机、针孔摄像等无不体现精微的高科技。

8为旅游，6为汽车。汽车家族将增加“流浪车”，即吃、住、行都具备的一种更为便捷的旅行车。

8为基层，6为权力。代表于基层的人大，其监督权、参议权进一步加强。

8为山，6为火。指火山爆发、煤矿瓦斯爆炸更加频繁发生。

8为开发，6为头脑。开发智力，挖掘潜能的实验将从试验阶段转由普及推广。

8为微小，6为渊源。万物之源的“气”逐渐被科学证实存在，并广泛应用，造福人类。

8为落实，6为政策。国家政策上令下达，政令畅通；求真务实、脚踏实地、实事求是、埋头苦干的人得到提拔重用。

六、从先天河图数组合来看

八三：

8为山为海，3为动。指地震、山体滑坡、泥石流、地面沉陷、地表塌方、沿海城市下沉、海啸等灾难的危害。

8为手脚背，3为声为动。指腰鼓队，也指健身活动的普及。

8为手，3为动。即扒手，也表趋向高智商犯罪，少年犯罪将成为社会的毒瘤。

8为阻止，3为神经。指麻醉神经系统的摇头丸、冰毒。

8为电脑，3为动画。三维动画电脑制作充分展示人的想像力和艺术才能的新天地，也代表虚拟领域的开拓实践。

8为婴儿，3为出。水中分娩以其产程短、疼痛少、伤口小而引领新的生育方法。

8的符号象铁轨上奔驰的列车，3为疾为出。火车提速和磁悬浮的采用，在为民节时的同时也要注意出轨事故的发生。

8为微小，3为爆炸。核武器将对国际社会的安全产生严重威胁；核能的应用将更为造福人类。

8为基因，3为生长。通过基因移植，人的再造功能成为现实。

8为界限，3为口舌。国家的边界线和主权分歧及海洋资源、地下能源的争夺会成为国际间的主要矛盾。

8为开发，3为雷电。将会开发出吸收雷电功能的技术以造福民众。

8为山野，3为贤士。指执政党任人唯贤，重用无党派民主人士。

七、从阴阳合十组合来看

八二：

8为背，2为阴宅。在当今社会提倡火化的国策下，看坟墓风水者将与国家的政策背道而驰。

8为少男，2为妇女。男青年与寡妇或离过婚的妇女结婚将打破传统婚恋观。

8为婴儿，2为母亲。小孩随母亲的姓氏取名将成新风尚。

8为细菌为气体，2为病符。传染病及有害细菌、有毒气体的传播。

8为电脑，2为病为黑。计算机会受病毒干扰或黑客袭击，导致网络大崩溃。

按：我在2001年1月去信海协和国办提出对台湾问题当前应努力促进海峡两岸对传统文化的交流，以“先民间，后官方；先文化，后政治”之策略来更好地感召台湾同胞的民族感情，增加海内外华人的凝聚力，使中国人团结中国人，从而顺利地完成祖国的统一大业。

尽管台湾政治风云变幻莫测，但对台湾回归年份我仍作“雄鸡报晓辉映天，潜龙腾云沐泽地”及“双手合握之际，阴阳合璧之期”的预言，此中也寓示中华的明天将会更加繁荣昌盛。

(注：在2004年出版的《冠元玄空风水》第167页有对此的公开预言)

“雄鸡报晓辉映天”有二种喻意，其一就是指两岸直航及之后的关系改善，现对第一种寓意详解如下：

1. 鸡指酉，表2005乙酉年；雄鸡是引颈报晓之家禽，又“鸡”与“机”同音，喻指飞机表两岸直航。

2. 晓既指春晓 (喻春天之际) 也指拂晓 (即黑暗之夜已去，天色将明之时)。

3. 辉映天指通过此次的直航，将打破几十年的两岸僵局而迎来一片曙光。

第三章　断事阐微篇

第一节　性　格

原文：破近文贪，秀丽及温柔之本。

详解：玄空的九颗飞星与北斗九星的对应关系是：一白为贪狼星、二黑为巨门星、三碧为禄存星、四绿为文曲星、五黄为廉贞星、六白为武曲星、七赤为破军星、八白为左辅星、九紫为右弼星。

破为七赤破军，文为四绿文曲，贪为一白贪狼。因七赤金生一白水，一白水又去生四绿木，这种连续相生之局加强了四绿之特性，四绿为巽卦，表文曲、秀士，故主出聪明秀丽且温和柔弱之美女或文雅之士。

例四运之丑山未向宅，坤方见秀山。

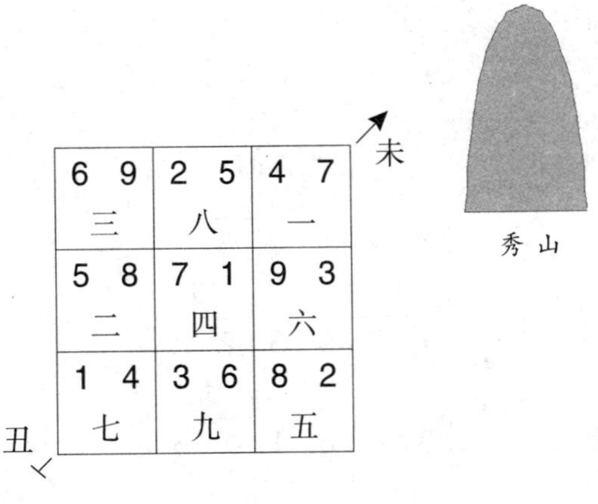

原文：巽阴就离。

详解：在解释赋文之前，有必要先对卦之阴阳属性有个了解。其实卦之阴阳是按后天八卦所代表的人物来区分的，即男性为阳，女性为阴。现就把卦的阴阳列表如下。

八卦	名称	五行	代表人物	阴阳
乾卦	六白	金	父亲	阳卦
震卦	三碧	木	长男	阳卦
坎卦	一白	水	中男	阳卦
艮卦	八白	土	少男	阳卦
坤卦	二黑	土	母亲	阴卦
巽卦	四绿	木	长女	阴卦
离卦	九紫	火	中女	阴卦
兑卦	七赤	金	少女	阴卦

巽即四绿木，表长女，为阴卦。离即九紫火，表中女，为阴卦。四绿和九紫为木火相生之组合，由于属性都是纯阴，故当令时主出聪明之人，但个性则较为阴柔。

例七运之庚山甲向宅，门开离方。

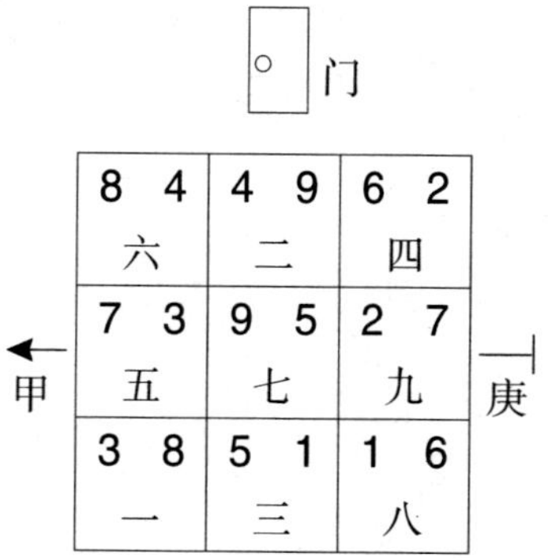

原文:震阳生火，雷奋而火尤明。

详解：震即三碧木，表长男，为阳卦。火即九紫火，表中女，为阴卦。三碧和九紫既为木火相生，又属阴阳相配，故当令时主出聪明奇士，且个性刚毅。

例二运之未山丑向宅，坎方见尖峰。

未

9 6 一	4 1 六	2 8 八
1 7 九	8 5 二	6 3 四
5 2 五	3 9 七	7 4 三

丑

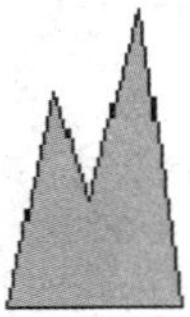

尖峰

原文:交至乾坤，吝心不足。

详解：这里是以后天八卦来代表飞星的，乾指六白，乾卦于物件为金器、珠宝。坤即二黑，坤卦于人的性情为虚荣、吝啬。六白和二黑的失令组合，可断其人吝啬爱金钱。又乾为大，坤为小，也表其人因心不知足而贪小失大。

例七运酉山卯向之宅，门开艮方。

卯　　西

1 6 六	5 1 二	3 8 四
2 7 五	9 5 七	7 3 九
6 2 一	4 9 三	8 4 八

门

原文:同来震巽，昧事无常。

详解：震巽是指三碧、四绿的飞星组合，四绿本为文曲星，又得主决断的三碧木之助，主聪明富判断力。但若三碧、四绿皆为失令时，反主人愚昧、做事糊涂，故喻人做事不明理，犹豫不决而常误事。

例六运之卯山酉向宅，门开坤方。

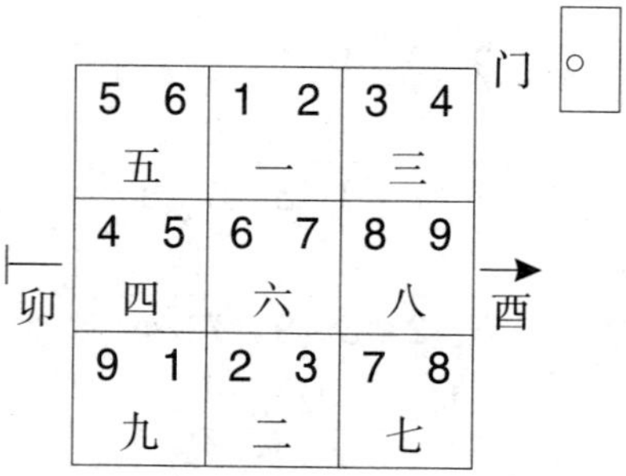

原文:木反侧兮无仁，水欹斜兮失志。

详解：要提高看风水时的断验性，必须要把握好星与象之间的关系。因星度象和以象推星，都是指用星卦所代表的意义必须要配合山水形象来作综合判断。

这里的木和水是指紫白九星所代表的五行之属性，木主仁，为三碧木和四绿木。若所到之方形势反背，则主人无仁，即没有仁慈同情之心。

例六运之卯山酉向宅，坤方见反弓路。

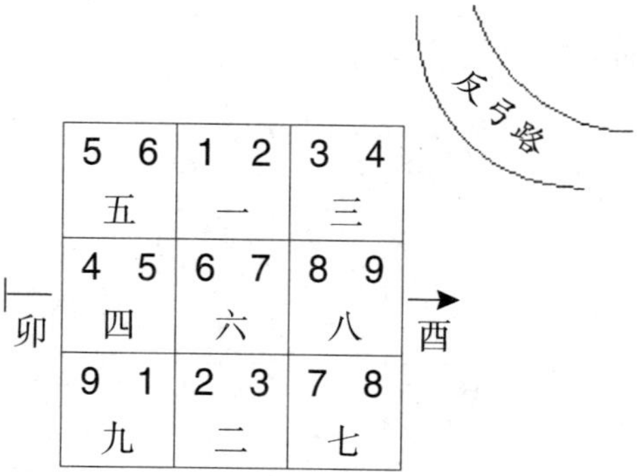

水主智，为一白水。若所到之方形斜无情，则主人无智，即没有上进拼

搏之志。

同理，只要在金、火、土三种五行所到之方，见形势反背，斜飞无情之山水，也可断出其所对应的凶性。

金主义，为六白金和七赤金，若所到之方形斜无情，则主人无义，即没有仗义疏财之行。

火主礼，为九紫火，若所到之方形斜无情，则主人无礼，即没有谦逊礼貌之举。

土主信，为二黑土、五黄土和八白土，若所到之方形斜无情，则主人无信，即没有诚信守诺之言。

原文：赤连碧紫，聪明亦刻薄之萌。

详解：三碧为木，九紫为火，木火相生是文明之象，主为人聪明。但是若遇七赤金加临，则成九紫火克七赤金、七赤金克三碧木之重重相克组合，主出聪明但刻薄无情之人。又三碧为争斗、七赤为刀剑、九紫为心计，甚则出狡猾且好勇斗狠之徒。

原文：遇文曲荡子无归。

详解：文曲是指四绿巽卦，巽卦二阳爻在上，一阴爻在下，犹如洞穴，为空处来风。风主动，故引伸为流浪漂荡。这里指四绿星在失令且形局又为凶时所主的凶应。

原文：水金相反，背义忘恩。

详解：这里的水金相反有两种解释。

1. 水指一白水，主智。金指六白或七赤金，主义。若其为失令组合且见反背无情的形局，则为心智被蒙蔽而出忘恩负义之人。

2. 由于坐山方以山星为主，向星为客论；向首方以向星为主，山星为客断。根据其生克关系共有生入、生出、克入、克出四种双星组合。这里的水金相反也指主星与客星之生出状态。

例八运之子山午向起星，门开离方。

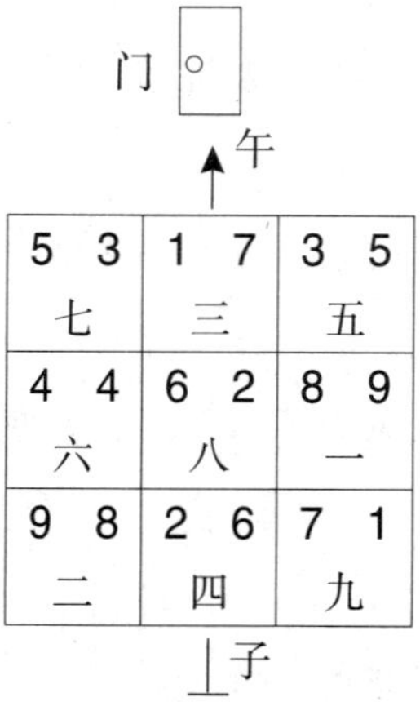

第二节　财　运

原文：承旺承生，得之足喜。

详解：生和旺是指紫白九星在各运中的生旺之气，现就列表如下。

三元	上元			中元			下元		
九运	一运	二运	三运	四运	五运	六运	七运	八运	九运
旺气	一白	二黑	三碧	四绿	五黄	六白	七赤	八白	九紫
生气	二黑	三碧	四绿	五黄	六白	七赤	八白	九紫	一白
	三碧	四绿	五黄	六白	七赤	八白	九紫	一白	二黑

在风水理论中水是主财的，故只要在向星的生旺方见水，就主大发财源，喜气盈门。

例四运之卯山酉向宅，巽方见湖。

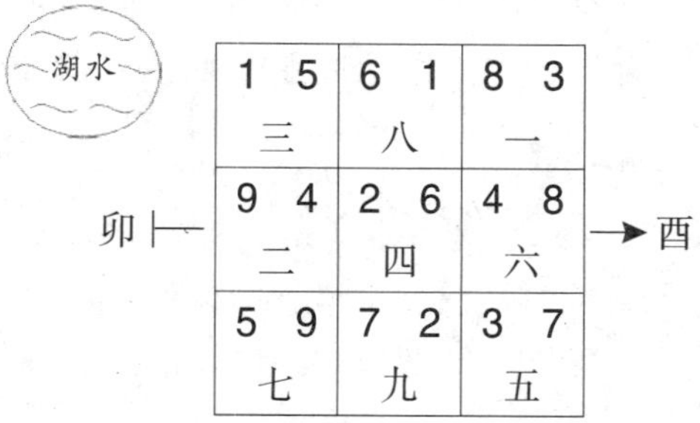

原文：中爻得配，水火相交。

详解：水指一白水为坎卦，火指九紫火为离卦。因坎卦和离卦的三爻均互为阴阳相配，又坎卦为中男卦，离卦为中女卦，故谓中爻得配。即一白和九紫之合十组合，得令为水火既济，主喜庆功名、荣华富贵。

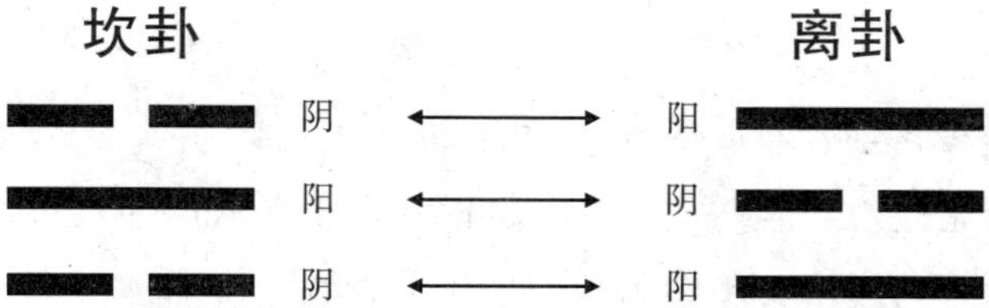

例八运之未山丑向宅，门开兑方。

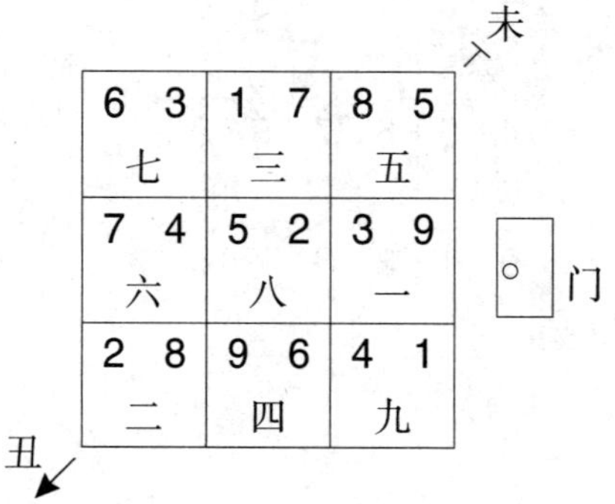

原文：巨入坤艮，田连阡陌。

详解：巨即巨门，为二黑星。二黑土在当令时，若又见二黑为重土助旺，见八白为重土且合十，主能以地产业发财，或以经营山货、粮食而致富。

例八运之申山寅向宅，门开坤方。

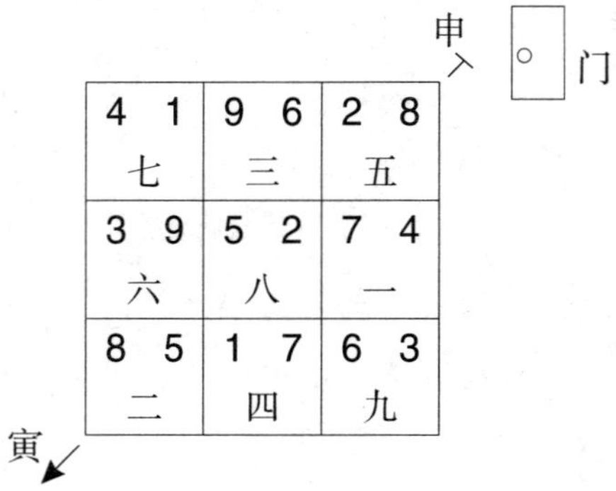

原文：金居艮位，乌府求名。

详解：金是指六白金与七赤金，艮即八白土。六白和八白之组合为先后天卦，七赤和八白之组合为阴阳相配，主得异路功名而博富。

例七运之巽山乾向起星，门开乾方。

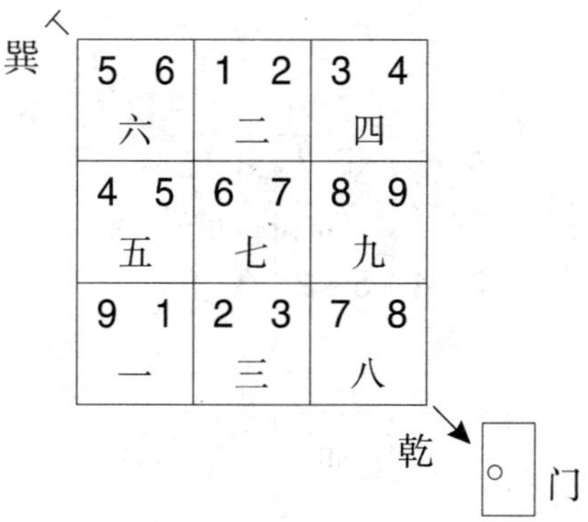

原文：胃入斗牛，积千箱之玉帛。

详解：这里是用二十八星宿来表示星数的。

胃指胃土雉，在兑卦位表七赤。斗指斗木獬，牛指牛金牛，均在艮卦位表八白，即七赤和八白之当令组合，主大发财源。

例六运之子山午向宅，门开艮方。

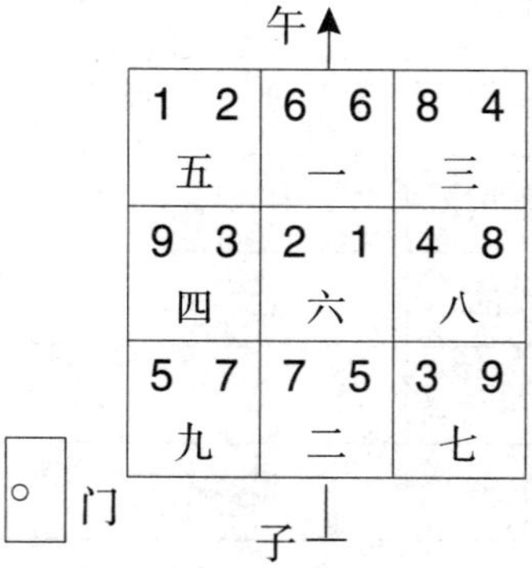

原文：会有旺星到穴，富积千钟。

详解：在《玄机赋》中有："气口司一宅之枢，龙穴乐三吉之辅"。气口即门，龙穴即坟，指大门或坟穴纳得当令旺气到，则主家积千金万银。

例七运之酉山卯向宅，门开震方。

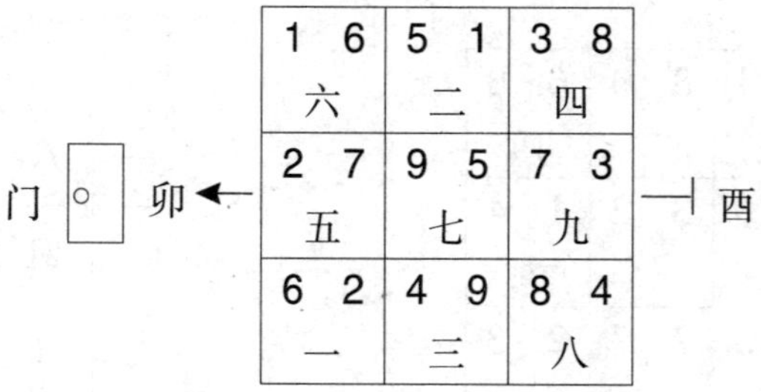

原文：土制水复生金，自主田庄之富。

详解：玄空飞星由卦而来，每颗星曜皆有五行。星有九颗：一白、二黑、三碧、四绿、五黄、六白、七赤、八白、九紫。紫白九星与宫位、五行的关系列表如下。

紫白九星	九宫	五行
一白贪狼	坎	水
二黑巨门	坤	土
三碧禄存	震	木
四绿文曲	巽	木
五黄廉贞	中宫	土
六白武曲	乾	金
七赤破军	兑	金
八白左辅	艮	土
九紫右弼	离	火

水即一白水，金为六白金，土为八白土，这三白为连续相生之吉星组合且通三元之气，故主在田庄或地产上得财富。

例七运之癸山丁向宅，门开坤方。

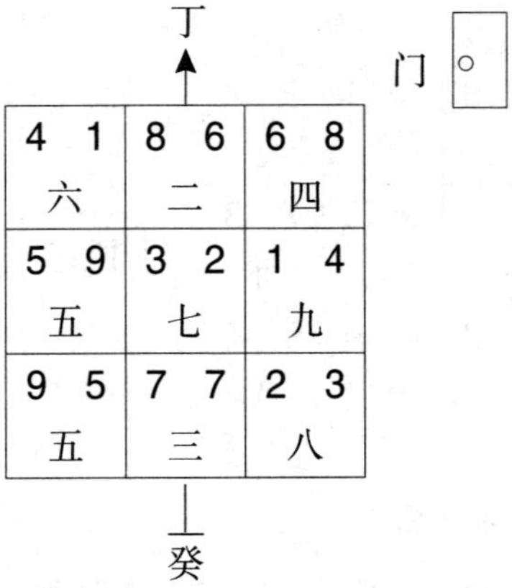

三	八	一
二	四	六
七	九	五

流年四绿入中

门开在坤方，纳六八生旺组合若又逢流年一白到坤方，则有田庄之财。

原文：位位生来，连添财喜。

详解：若所纳之气当令，又遇运星、山星、岁星重重生入；或在动气方、用事位所纳之气都生旺又相生时，则有添丁发财之庆。

例七运之辰山戌向宅，门开乾方。

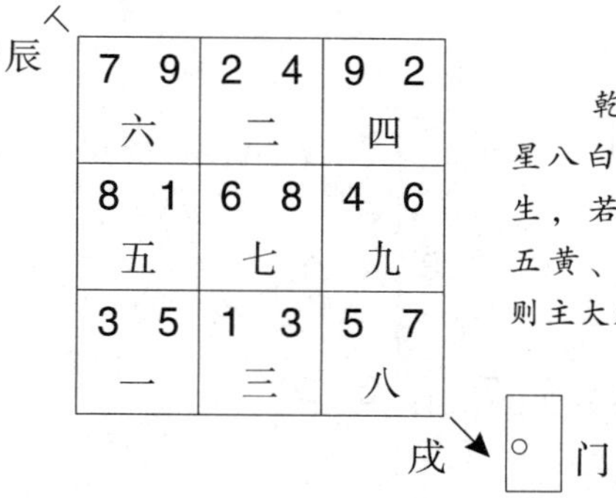

乾方向星七赤金得运星八白土、山星五黄土所生，若又遇流年之二黑、五黄、八白土重重生入，则主大发财禄。

原文：天市合丙坤，富堪敌国。

详解：天市即艮卦为八白土，丙即离卦为九紫火，坤即坤卦为二黑土，指八白当令向星遇九紫火生，二黑土合十，主有巨富之应。

例八运之艮山坤向宅，门开艮方。

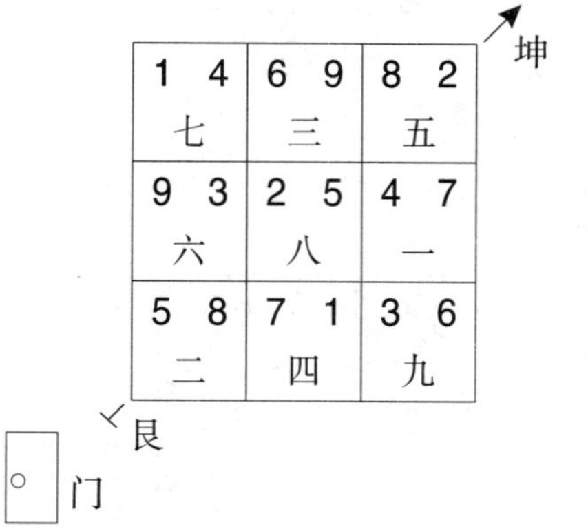

五	一	三
四	六	八
九	二	七

流年六白入中

门开在艮方，纳向星八白当令旺气，其与运星二黑合十，若又得流年九紫火生，则有巨富之应。

原文：四旺无冲田宅饶。

详解：四旺即子午卯酉，子居一白坎宫，午居九紫离宫，卯居三碧震宫，酉居七赤兑宫。本来子和午、卯和酉是相冲的，但因其一白和九紫、三碧和七赤为四正卦合十，主屋润家肥。

例七运之丁山癸向宅，门开坎方。

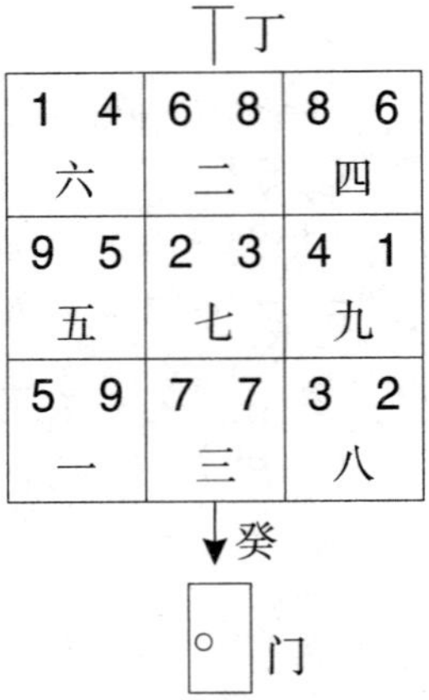

原文：富并陶朱，断是坚金遇土。

详解：陶朱指范蠡，他善于经营贸易，使财产达千万而富甲一方。

若向上飞星之六白金、七赤金当令且见水，又得山上飞星二黑土、八白土相生，主巨富。

例七运之酉山卯向宅，门开震方。

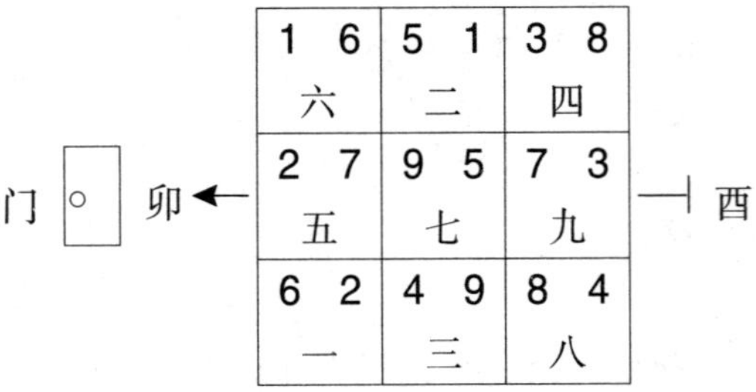

原文：逢衰逢谢，失则堪忧。

详解：衰是指紫白九星在各运中的死煞之气，列表如下。

三元	上元			中元			下元		
九运	一运	二运	三运	四运	五运	六运	七运	八运	九运
死气	四绿	五黄	六白	七赤	八白	九紫	一白	二黑	三碧
	五黄	六白	七赤	八白	九紫	一白	二黑	三碧	四绿
煞气	六白	七赤	八白	九紫	一白	二黑	三碧	四绿	五黄
	七赤	八白	九紫	一白	二黑	三碧	四绿	五黄	六白
	八白	九紫	一白	二黑	三碧	四绿	五黄	六白	七赤

由于死煞之气是主有志无伸、多病刑伤、事业破败，甚至家破人亡的凶应，故在为人勘察时当须避之为上。

例三运之甲山庚向宅，门开兑方。

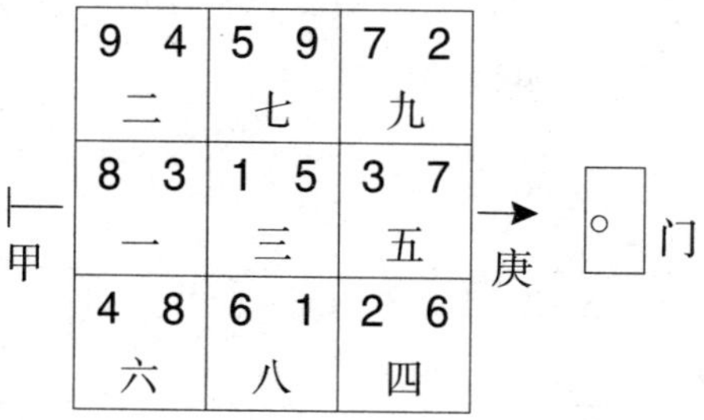

谢是指向星入囚，它主贫穷、破财、是非、克妻。

例七运之巳山亥向宅，八运入囚。

巳

5 7 六	1 3 二	3 5 四
4 6 五	6 8 七	8 1 九
9 2 一	2 4 三	7 9 八

亥

原文：苟无生气入门，粮艰一宿。

详解：若门没有吸纳生旺之气，则为贫寒人家，故家中无一夜之粮。

例七运之酉山卯向宅，门开艮方。

1 6 六	5 1 二	3 8 四
2 7 五	9 5 七	7 3 九
6 2 一	4 9 三	8 4 八

卯 酉

门

原文：重重克入，立见消亡。

详解：若所纳之气不当令，又遇山星、岁星等重重克入；或动气方、用事位都纳衰死气时，则主立见凶祸之应。

例七运之酉山卯向宅。

1 6 六	5 1 二	3 8 四
2 7 五	9 5 七	7 3 九
6 2 一	4 9 三	8 4 八

卯 酉

离方向星一白水被运星二黑土、山星五黄土所克，若又遇流年之二黑、五黄、八白土重重克入，则立见凶祸。

原文：我克彼而反遭其辱，因财帛以丧身。

详解：这里的“我”是指向星，向星若克运星、山星、岁星太过则反受其殃。如金能克木，木强则金缺，故而克之太甚却反为财帛丧身。

例三运之坤山艮向宅，门开艮方。

坤

1 5 二	5 1 七	3 3 九
2 4 一	9 6 三	7 8 五
6 9 六	4 2 八	8 7 四

艮

门

艮方之门纳向星九紫火，本克山星和运星之六白金，但因金多却以火熄论。

原文：止而静，顺而静，静亦不宜。

详解：玄空风水有阴阳动静之说，水为阳主动，山为阴主静。

引申之就为：山向飞星俱动，则都落在水里；山向飞星俱静，则都飞临山上。经曰：“水里龙神不上山，山里龙神不下水”，而这种皆静的形局，势必不能催动生旺的向星，从而无法催旺财源。

例七运之乙山辛向宅，兑方和乾方见山。

6 1 六	1 5 二	8 3 四
7 2 五	5 9 七	3 7 九
2 6 一	9 4 三	4 8 八

乙　辛

原文：丙临文曲，丁近伤官，人财因之耗乏。

详解：凡立山向，贵在一卦纯清，即以不兼为好，尤其是不要立地元龙与人元龙相兼之向，因这种相兼往往就会犯出卦向而发生凶应。

巳为学堂为文曲，为人元龙。未为伤官，为地元龙。

丙为地元龙，丁为人元龙，故丙巳、丁未之相兼就是犯出卦向。为更清楚地查找，特列图如下：

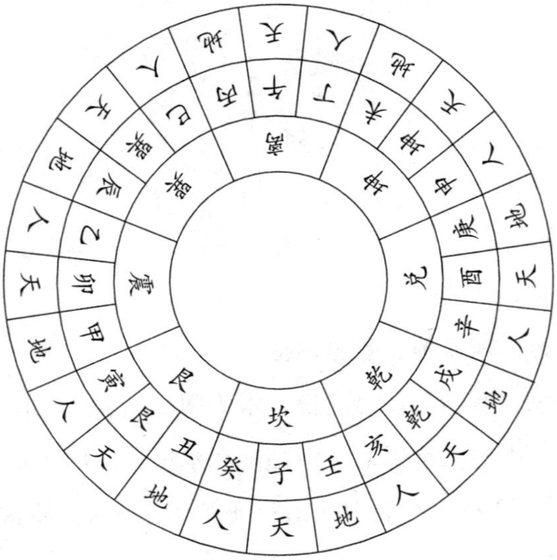

由上图可知，地元龙与人元龙相兼的共有：壬亥、癸丑、甲寅、乙辰、丙巳、丁未、庚申、辛戌八种出卦向，它主夫妇失欢、主仆不洽、兄弟不和、刚愎自用、精神异常、做事常颠倒错乱、有财则无丁、有丁则无财、败男丁、发女儿或外姓之人，且有三代绝嗣及家人乱伦之象。

第三节　贵　贱

原文：至若娥眉鱼袋，衰卦非宜；犹之旗鼓刀枪，贱龙则忌。

详解：这句说明峦头形势配合飞星理气的重要性。

《地理啖蔗录》云：“娥眉为光媚纤巧如半月之状，主女贵。唐朝时，官员以金鱼袋为佩，故主官贵。”《撼龙经》云：“平洋娥眉为吉，半领娥眉最得力，若有此星连节生，女作宫嫔后妃职。”《雪心赋》云：“卓旗定出将军，左畔起旗，右畔鼓，为官定是武。”

由此可知，娥眉鱼袋指秀丽之山，见之主出贵人。旗鼓刀枪指形势独特之山形，主出武贵。这些吉断需在飞星当令时才应。但若飞星失令的话，反主出贫贱之人和盗贼之徒。

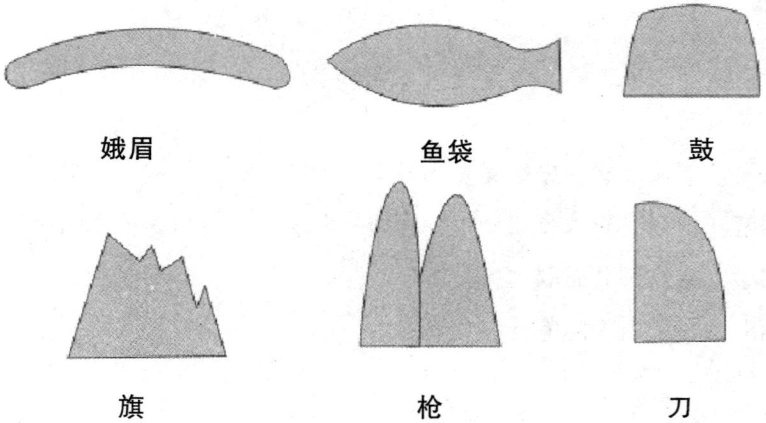

原文：职掌兵权，武曲峰当庚兑。

详解：武曲即六白金，庚兑指七赤金，因六白和七赤均为肃杀之金气，故当山星得令时能化杀为权，主武职掌兵权。

例六运之卯山酉向宅，兑方见山峰。

3 7 五	8 3 一	1 5 三
2 6 四	4 8 六	6 1 八
7 2 九	9 4 二	5 9 七

卯 → 酉

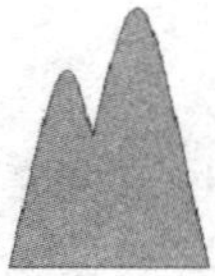

由于武曲表乾卦，乾为圆，故武曲峰也表圆而微方如覆釜形的山峰。即生旺之山星七赤所到之方，又见圆形山峰，也主武职掌兵权。

例七运之卯山酉向宅，震方见圆峰。

卯 → 酉

6 1 六	1 5 二	8 3 四
7 2 五	5 9 七	3 7 九
2 6 一	9 4 三	4 8 八

原文：木入坎宫，凤池身贵。

详解：木指三碧木和四绿木，坎即一白水。一白和三碧或四绿之组合为水木相生，主发科名而取贵。

例七运之子山午向宅，门开巽方。

门

午

4 1 六	8 6 二	6 8 四
5 9 五	3 2 七	1 4 九
9 5 一	7 7 三	2 3 八

子

原文：金取土培，火宜木相。

详解：金是指六白金和七赤金，六白为乾卦性刚，七赤为兑卦为刃。土即八白土、二黑土和五黄土，它们为土金相生之组合，故以武发贵。

火即九紫火，木是指三碧木和四绿木，三碧为震卦主秀，四绿为巽卦主文，它们的木火相生之组合表能以文取贵。

例七运之辛山乙向宅，门开坎方。

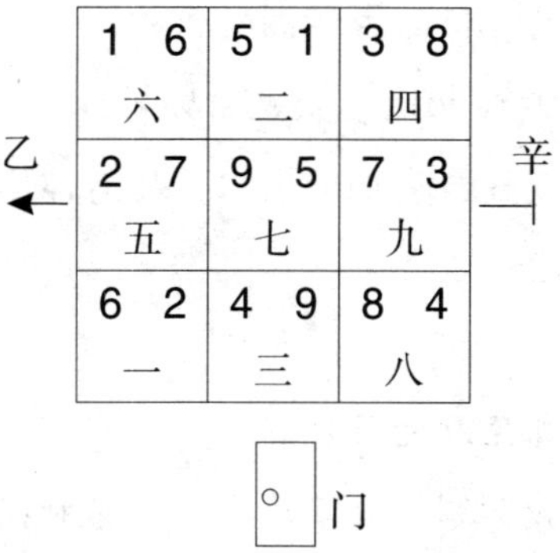

原文：火曜连珠相值，青云路上自逍遥。

详解：火曜指九紫火，生旺之九紫火若得三碧木、四绿木之生，或得七赤和二黑合化之火相助，则出做官之人。

例八运之癸山丁向宅，艮方开门。

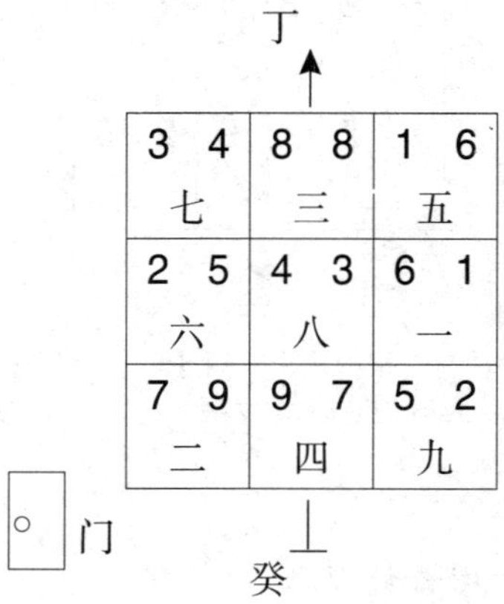

原文：雌雄相配，世出贤良。

详解：雌雄者，指阴阳动静对待之称，它有体用之分。体指有形之山水，用指无形之理气，诚如章仲山在《心眼指要》中云：“青囊万卷，总不出体用二字。体有山水之分，用有得失之辨。体有移步之不同，用有随时之更变。用必依形而显休咎，体必因气而见吉凶。要之，体无用不灵，用无体不验，必须形气二兼，默参九星生克之量以推休咎，方得体用之精微。”即看风水时要以无形的理气配合有形的山水，只有体用各得其宜，才能长久地保持富贵贤良。

原文：栋入南离，骤见厅堂再焕。

详解：栋为巽卦，表四绿。九紫运时，九紫到向，又得四绿木来生，主家中生辉，兴旺发达。

例八运之午山子向宅，门开坎方。

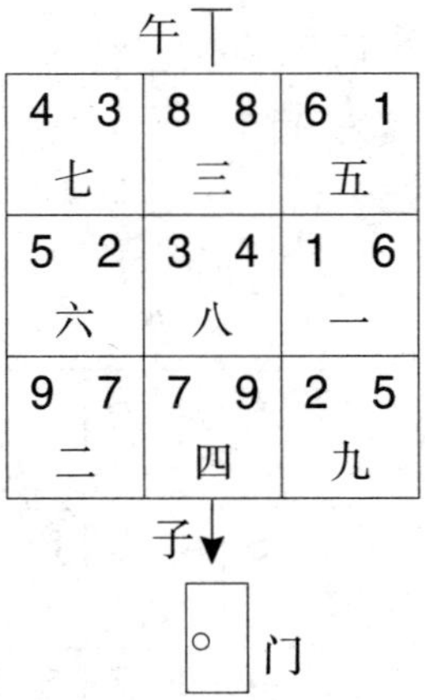

原文：车驱北阙，时闻丹诏频来。

详解：车为乾卦，表六白。一白运时，一白水到向，又得六白金来生，主丹诏频来，富贵非常。

例一运之丙山壬向宅，门开坎方。

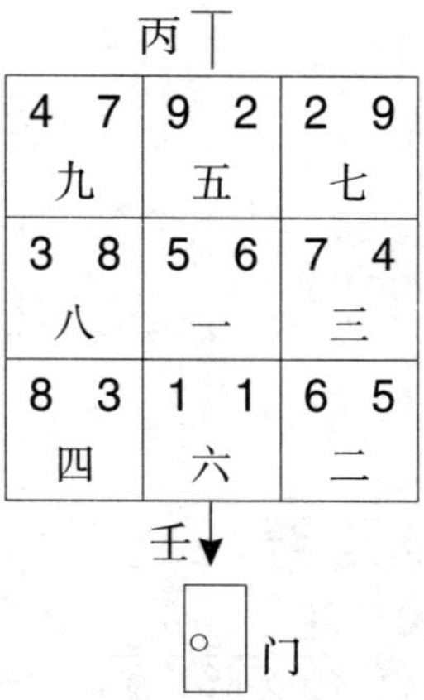

原文：震庚会局，文臣而兼武将之权。

详解：震为天禄为秀士文官，庚号武爵为猛夫武将，意为三碧和七赤之当令组合，主出文武双全之人。

原文：丁丙朝乾，贵客而有耄耋之寿。

详解：丁丙表离卦为南极主寿，乾卦为首为君主贵，即九紫和六白之当令组合，主出高贵长寿之人。

例六运之丑山未向宅，坤方见山。

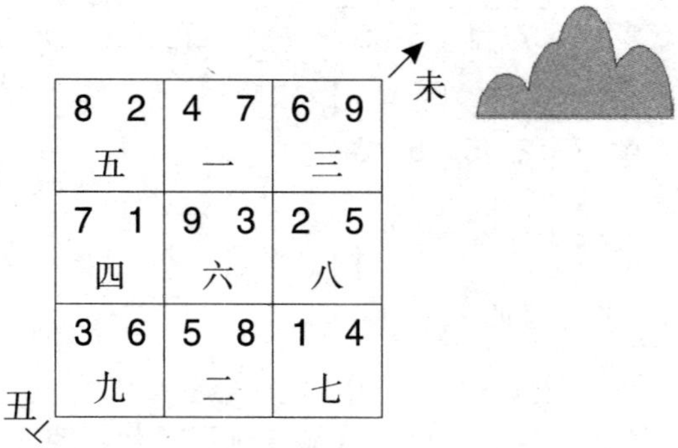

原文：贵比王谢，总缘乔木扶桑。

详解：王谢指王导和谢安，王导是东晋的丞相，为三朝元老；谢安是官拜侍中，权倾朝野。

三碧木为树木、乔木，四绿木为花卉、草木，二木组合为一刚一柔之相配。

若三碧和四绿木为当令山星且临于文笔秀峰，主应贵。

例三运之戌山辰向宅，乾方见秀峰。

辰

5 3 二	9 7 七	7 5 九
6 4 一	4 2 三	2 9 五
1 8 六	8 6 八	3 1 四

戌

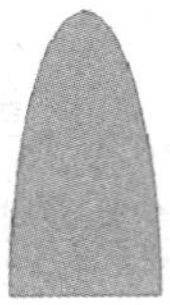

原文：辅临丁丙，位列朝班。

详解：辅即左辅，指八白星。丁丙属离卦为九紫，八白和九紫之组合为火土相生且阴阳相配，主家人升职，财运大进。

例八运之丑山未向宅，门开坤方。

未　门

3 6 七	7 1 三	5 8 五
4 7 六	2 5 八	9 3 一
8 2 二	6 9 四	1 4 九

丑

二	七	九
一	三	五
六	八	四

流年三碧入中

门开在坤方，纳八白当令旺星，若又逢流年九紫到坤方，则会升职加薪。

原文：同人车马驰驱。

详解：玄空风水将山向二星相配成六十四荡卦，结合九星配卦再以八卦取象来断事的。

六十四荡卦

	乾6	兑7	离9	震3	巽4	坎1	艮8	坤2
乾6	乾为天	泽天夬	火天大有	雷天大壮	风天小畜	水天需	山天大畜	地天泰
兑7	天泽履	兑为泽	火泽睽	雷泽归妹	风泽中孚	水泽节	山泽损	地泽临
离9	天火同人	泽火革	离为火	雷火丰	风火家人	水火既济	山火贲	地火明夷
震3	天雷无妄	泽雷随	火雷噬嗑	震为雷	风雷益	水雷屯	山雷颐	地雷复
巽4	天风垢	泽风大过	火风鼎	雷风恒	巽为风	水风井	山风蛊	地风升
坎1	天水讼	泽水困	火水未济	雷水解	风水涣	坎为水	山水蒙	地水师
艮8	天山遁	泽山咸	火山旅	雷山小过	风山渐	水山蹇	艮为山	地山谦
坤2	天地否	泽地萃	火地晋	雷地豫	风地观	水地比	山地剥	坤为地

同人即天火同人卦，就是六白乾与九紫离的组合。乾卦于动物为马，离

卦于天象为太阳，指在烈日下奔跑的马，所寓意的就是辛苦劳碌奔波之象。

原文：小畜差役劳碌。

详解：小畜即风天小畜卦，就是四绿巽与六白乾的组合，乾卦于人物为父为领导，巽卦为风为动，主受上司或长辈所差使而劳碌。

例七运之巳山亥向宅，门开震方。

巳

5 7 六	1 3 二	3 5 四
4 6 五	6 8 七	8 1 九
9 2 一	2 4 三	7 9 八

门（左侧）

亥

原文：乾为寒，坤为热，往来切记。

详解：乾坤是指飞星六白和二黑，乾为立冬卦气，为寒；坤为小暑卦气，为热。若当令又见明山秀水，其组合为土金相生，寒热适宜，主发福发贵。若失令又见穷山恶水，则为寒热不定，主运程反复。

例七运之卯山酉向宅，门开艮方。

卯 → 酉

6 1 六	1 5 二	8 3 四
7 2 五	5 9 七	3 7 九
2 6 一	9 4 三	4 8 八

门（左下）

原文：震巽失宫而生贼丐。

详解：震为贼盗为三碧，巽为风为流浪为四绿。故三碧和四绿之失令组合，主出流窜作案的盗贼或四处流浪的乞丐。

原文：巽如反背，总怜流落无归。

详解：形局不真，理气无用。形局之克应较强，理气之克应较快，如形局之象合理气之星则更验。总之，风水要形局、理气兼看，只有相互配合运用，才能准确地推断出吉凶之应。

四绿巽卦为风，其性漂荡，若有该方见山水如臂向外反抱者，主人常年在外打拼而无暇顾家。

原文：寄食依人，原卦情之恋养；抛家背夫，见星性之贪生。

详解：原卦是挨星下卦，见星指起星替卦。

这里指下卦的生旺之气不被门所纳或替卦所挨得之当令旺星不在山向而落于旁宫，主出依靠人家谋食无法自立或离乡背井出外谋生之人。

第四节　行　业

原文：七有葫芦之异，医卜兴家；七逢刀盏之形，屠沽居肆。

详解：根据形象思维七赤兑卦为锐为刀，为说为口。葫芦有悬壶济世之语和起聚气保鲜之用。以不同的山水之形，可推知七赤星所主人物会有不同的克应。

若七赤所到之方有山水如葫芦之形，当令便主出医卜名家；失令则主出庸医伪师。

又若七赤所到之方见山水如刀和杯之状，当令便主出屠户和卖酒之人；失令则主出被刀所伤或暴戾之徒和贪杯之人。

原文：旁通推测，木工因斧凿三宫；触类引伸，铁匠缘钳锤七地。

详解：不同的山水形势，即使飞星相同，也会有不同的结果，这主要是以飞星和形势结合而取意的。

三宫是指三碧震木，若挨到之方见斧形山，则主出木匠；见凿形山，则主出木刻艺人。

七地是指七赤兑金，若挨到之方见钳形山，则主出铁匠；见锤形山，则主出打金之人。

在我对兑运和艮运所主卦象的分析中，可知不同的元运都有其所主导的行业种类。故而对不同的行业，在风水布局上若能做到对应性的配合，就像人们患了感冒，有些人是到药店购买感冒类的成药服用；有些人则会找医生医治，医生的处方是按照就医者的轻重缓急而对症下药的，二者同具医疗作用，但其何者见效快则是立见高下的。

下面就把九星所对应的行业列表如下：

一白：渔民、浴堂、旅游、冷库、观赏鱼、水产业、航海、清洁业、饮料、游泳、滑雪、导游、玄学、疏通管道、耳科医生、潜水员、调解员、开发潜意识、物流。

二黑：助理、工会、古董商、粮商、副职、旧货回收、典当行、土木工程师、佣人、儒教、开矿业、纺织业、执法者、货车、打字排版、社会团体、助产士。

三碧：音乐家、播音员、司仪、司机、针灸师、中医业、技师、教育界、种植、木材业、家具店、会计、文职人员、运动员、健身业、慈善机构、种子业、发动机、雷电研究、健康教育、希望工程。

四绿：诗人、文学创作、出版业、经商、理发、造纸业、报社、杂志业、文化用品、书店、花店、蔬菜生果业、护士、时装、宣传业、教师、旅馆、感化院、美白用品、制香业。

五黄：由于五黄可通中宫之气，故可以中宫的飞星来决定。

六白：太空研究、军人、钟表、领导、敬老院、顾问、汽车业、银行业、占星术、金银珠宝、稀有金属业、冷冻业、电磁波、雷射光、将帅、武术家、健身器材、人造卫星。

七赤：教师、律师、饭馆、艺人、主持人、经商贸易、机械工程师、运输、建筑商、装饰业、武术教练、媒人、厨师、医生、演说家、特异人、巫师、佛教、金融、财税、影视、金饰品、娱乐业。

八白：幼儿园、防盗系统、保镖、策划业、记者、侦探、电脑业、庄园主、种植业、人大、工会、根雕、足疗、足球、登山、垂钓、道教、环保、法院、检察院、魔术、管理员、掮客、顾问助理、玩具、珠宝店、宠物店、海洋开发。

九紫：航空业、眼科医师、眼镜店、太阳能、服装业、彩画、美术、干燥剂、烟酒、塑胶、化工、火电业、电子业、光学、美容师、人体艺术、能源业、心理医生、灯饰、炉具、厨师、花卉业、军火。

第五节 家 庭

原文：辰酉兮闺帏不睦。

详解：赋文虽说是论飞星，其中也用天干、地支来代表飞星。现将天干、地支代表的九星列表如下。

天干	甲	乙	丙	丁	戊	己	庚	辛	壬	癸
九星	三碧		九紫		五黄		七赤		一白	

地支	子	丑	寅	卯	辰	巳	午	未	申	酉	戌	亥
九星	一白	八白		三碧	四绿		九紫	二黑		七赤	六白	

辰在巽卦为四绿，巽卦于人物为长女。酉在兑卦为七赤，兑卦于人物为

少女。若旺金克衰木，则主少女欺长女，表姐妹不和。

例一运之丙山壬向宅，门开巽方。

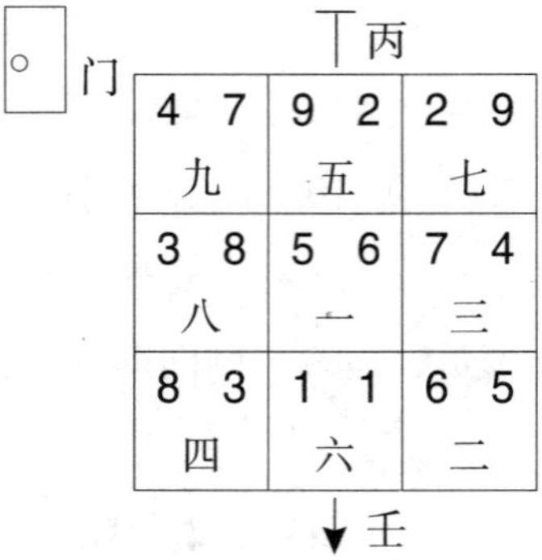

原文：若坤配兑女，庶妾难投寡母之欢心。

详解：坤即二黑土，于人物主母亲，卦情主孤寡。兑即七赤金，于人物主少女，亦主妾侍。二黑和七赤之组合虽为土金相生但属纯阴之生，当二七相逢为凶论时，主婆媳不和。

例七运之卯山酉向宅，门开震方。

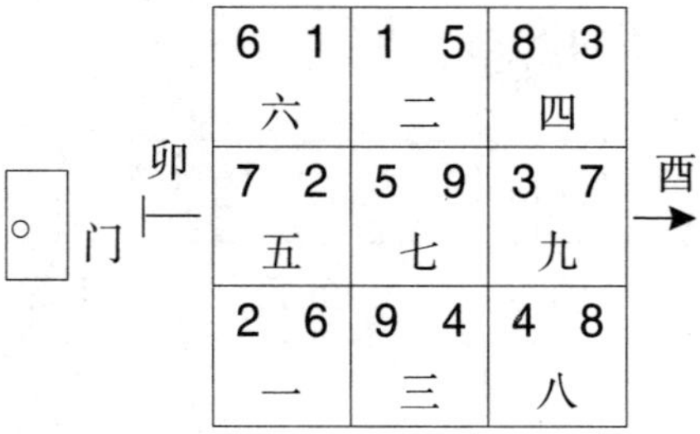

原文：风行地而硬直难当，室有欺姑之妇。

详解：风即巽卦，表四绿。地即坤卦，表二黑。若四绿和二黑之失令组合方又逢水路直冲，或四绿强木去克二黑弱土，则家有欺姑之恶妇。

例七运之巽山乾向宅，坎方有河。

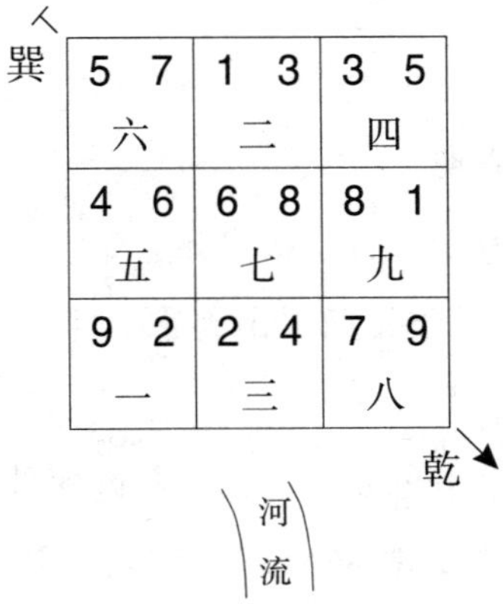

坎方四绿为失令之气，且四绿木又得一白水生、三碧木助而旺克二黑土，及该方又被水冲，故主家有欺姑之恶妇。

原文：火烧天而张牙相斗，家生骂父之儿。

详解：火即离卦，表九紫。天即乾卦，表六白。若九紫和六白之失令组合或九紫旺火去克六白弱金，且该方又见如张牙不逊之势，则家生骂父之逆儿。

原文：后人不肖，因生方之反背无情。

详解：飞星的生旺方位，若山飞水走、反背无情，子孙即使富贵，亦主不仁不义、不忠不孝。

原文：儿孙尽在于门庭，犹忌凶顽非孝义。

详解：儿孙是指山星，山主人丁，经曰："山上龙神不下水"，即指山星若落在动象之处，主儿孙凶顽不驯、不敬尊长、背离孝道。

第六节　名　声

原文：震之声，巽之色，向背当明。

详解：向是指生旺得令与山水有情，背是指衰死失令与穷山恶水。

震巽是指飞星三碧和四绿，若当令又见明山秀水，主出声名、贞节之人。若失令又见穷山恶水，主身败名裂、淫乱好色。

震为声，声指音乐；巽为色，色指色彩、容貌。若得令且形势有情，主出挚爱音乐、美术的艺术大师或爱好这些高尚艺术的人。若失令且形势无情，主出耽于靡声、春宫等色情品之人或出优伶娼妓。

原文：双木成林，雷风相薄。

详解：在紫白九星中，五行属木的星为三碧和四绿。三碧为震主雷，四绿为巽主风。意指三碧和四绿之组合，当令时主大利功名学业；失令时则主人做事不明理或出精神不正常之人。

例三运之巽山乾向宅，门开乾方。

巽

1　3 二	6　8 七	8　1 九
9　2 一	2　4 三	4　6 五
5　7 六	7　9 八	3　5 四

乾　门

乾方山星为三碧，运星为四绿，若门开在此方，则主家出神经衰弱之人。

原文：名扬科第，贪狼星在巽宫。

详解：一白为贪狼星，巽宫为巽方或飞星四绿。一白为官星主功名，四绿为文昌主文章。一白和四绿之组合，主文章出众，功名远播。

例七运之癸山丁向宅，门开巽方。

门　　丁↑

4　1 六	8　6 二	6　8 四
5　9 五	3　2 七	1　4 九
9　5 一	7　7 三	2　3 八

癸

大门开在巽方且此方又为四一组合，故大利学业和名声。

原文：虚联奎壁，启八代之文章。

详解：这里是以二十八星宿来代表飞星的。

虚指虚日鼠在子，子乃墨池；奎指奎木狼，壁指壁水㺄，奎壁同在乾方，表天上图书之府、双鱼之宫。即一白和六白的组合有双鱼戏墨之象，主世代出书秀之人。

例八运之子山午向宅，兑方见鱼池。

午↑

3　4 七	8　8 三	1　6 五
2　5 六	4　3 八	6　1 一
7　9 二	9　7 四	5　2 九

水池

子

原文：金居艮位，乌府求名。

详解：这里的金指七赤金，艮即八白土。七赤和八白之组合为土金相生且阴阳相配，主富贵双全外，更利异路功名。

所谓异路功名，即此人学历并不高，但于某行业上有所贡献及成就，而被公众所承认，获得很好的名誉。

第七节　鬼　怪

原文：乾坤神鬼，与他相克非祥。

详解：乾坤是六白和二黑相合，乾卦为天为神，坤卦为地为鬼，相克在这是作失令解。主人常发恶梦，易见鬼怪及遇阴邪之事。

例七运之酉山卯向宅，门开艮方。

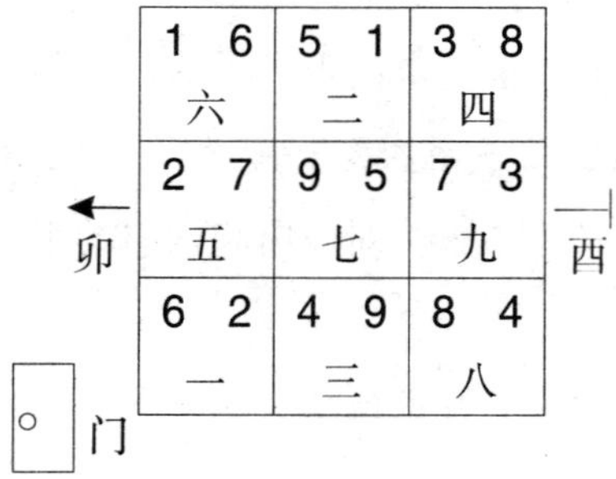

原文：岂无骑线游魂，鬼神入室；更有空缝合卦，梦寐牵情。

详解：《宅运新案》云："针落两字之间曰骑缝，是无向也"。原注解释骑线为立向刚好在两卦之分界线，共有以下八种：

巳丙即巽卦与离卦之分界；

丁未即离卦与坤卦之分界；

申庚即坤卦与兑卦之分界；

辛戌即兑卦与乾卦之分界；

亥壬即乾卦与坎卦之分界；

癸丑即坎卦与艮卦之分界；

寅甲即艮卦与震卦之分界；

乙辰即震卦与巽卦之分界。

这种线向就像随处飘荡的游魂一样无所依归，主易招鬼神。

空缝合卦是指立向刚好在同一卦内的两山之间。

离卦之丙午、午丁的分界；

坤卦之未坤、坤申的分界；

兑卦之庚酉、酉辛的分界；

乾卦之戌乾、乾亥的分界；

坎卦之壬子、子癸的分界；

艮卦之丑艮、艮寅的分界；

震卦之甲卯、卯乙的分界；

巽卦之辰巽、巽巳的分界。

此种线向主常发恶梦、夜不能寐。

第八节　人　丁

原文：承旺承生，得之足喜。

详解：在风水理论中山是主人丁的，因此在山星的生旺方见山，就主人丁兴旺、健康平安。

例七运之酉山卯向宅，兑方见山

卯 ←　→ 酉

1 6 六	5 1 二	3 8 四
2 7 五	9 5 七	7 3 九
6 2 一	4 9 三	8 4 八

原文：中爻得配，水火相交。

详解：水指一白水为坎卦，火指九紫火为离卦。因坎卦和离卦的三爻均互为阴阳相配，又坎卦为中男卦，离卦为中女卦，故谓中爻得配。即一白和九紫之合十组合，得令为水火既济，是大旺人丁之吉局。

例八运之辰山戌向宅，兑方见山。

辰

6 8 七	2 4 三	4 6 五
5 7 六	7 9 八	9 2 一
1 3 二	3 5 四	8 1 九

戌

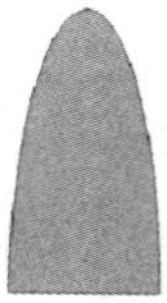

原文：贤嗣承宗，缘生位之端拱朝揖。

详解：生位是指山星的生旺方，在其方若见秀山朝拱有情，主子孙富贵贤良、光宗耀祖。

原文：丁丙朝乾，贵客而有耄耋之寿。

详解：耄耋指年龄在八九十岁的老人。丁丙表离卦为南极主寿，乾卦为首为君主贵，即九紫和六白之当令组合，主出高贵长寿之人。

原文：离壬会子癸，喜产多男。

详解：离为九紫火，壬子癸为一白水，九紫火与一白水之当令组合，谓水火既济。若又得流年一白会聚，则主多生男丁也，因一白为坎卦表男性。

原文：非正配而一交，有梦兰之兆。

详解：先天八卦中的天地定位，山泽通气，雷风相薄，水火不相射为阴阳正配。非正配是指后天八卦中的一白与九紫、二黑与八白、三碧与七赤、四绿与六白的阴阳合十相交。若为当令之组合，主出佳儿。

例八运之丑山未向宅，艮方见山。

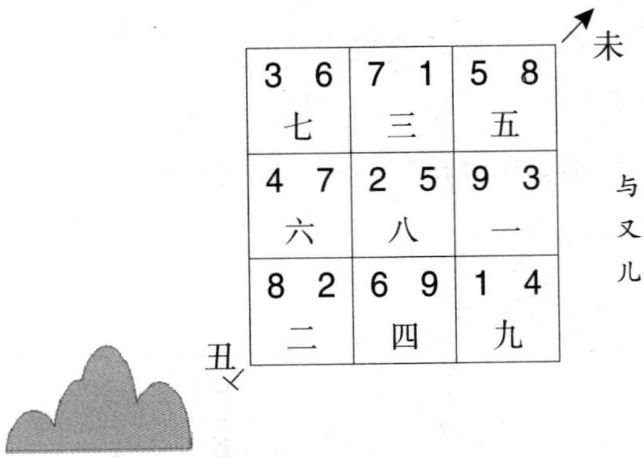

艮方当令之山星八白与二黑成合十之组合，若又见形局佳者，主出佳儿。

原文：得干神之双至，多折桂之英。

详解：干神即指甲、乙、丙、丁、庚、辛、壬、癸。甲乙在震宫为三碧，庚辛在兑宫为七赤，丙丁在离宫为九紫，壬癸在坎宫为一白，即指双方为相对的九紫和一白、三碧和七赤之组合。若为当令组合，则产贵子。

原文：不生我而我生，乃生俊秀聪明之子。

详解：我是指运星，我去生同宫之生旺山星，则主生俊秀聪明之子。

例七运之卯山酉向宅，坎方见山。

6 1 六	1 5 二	8 3 四
7 2 五	5 9 七	3 7 九
2 6 一	9 4 三	4 8 八

卯 → 酉

坎宫运星是三碧木，山星是九紫火，则为运星生山星，主生俊秀聪明之子。

原文：两局相关，必生双子。

详解：两局这里有形势和理气之分，就形势而言，如当旺丁星到山，在该方又有连着两个端庄秀丽的山头，主生孪儿。就理气而言，如山水符合一六、二七、三八、四九之局，则必子孙昌旺，双子也可指子孙兴旺。若双峰相连，理气合局，则必有生双胞胎之应。

例七运之卯山酉向宅，震方见山。

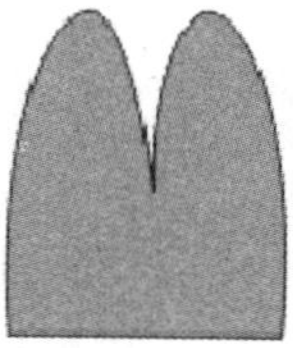

山

6 1 六	1 5 二	8 3 四
7 2 五	5 9 七	3 7 九
2 6 一	9 4 三	4 8 八

卯 → 酉

此为旺星到坐山之宅，震方为二七组合且又见二个端庄秀丽的山峰，主有生双胞胎之应。

原文：逢衰逢谢，失则堪忧。

详解：衰是指紫白九星在各运中的死煞之气，死煞之气是主多病刑伤，甚至病死凶亡。

例七运之子山午向宅，震方见破面山。

午

4 1 六	8 6 二	6 8 四
5 9 五	3 2 七	1 4 九
9 5 一	7 7 三	2 3 八

子

破面山

震方山星为五黄煞气，它与运星五黄成伏吟，主有伤人损丁之象。

谢是指山星入囚，主不能生育、夭折无后、儿女无能。

原文：后人不肖，因生方之反背无情。

详解：看风水一定要因形求气、因气求形，只有形气相兼而推休咎，才能准确无误。

在山星的生旺方虽然有山，但若其山是反背无情之势，则主后人不孝于父母。

原文：为父所克，男不招儿；被母所伤，女不成嗣。

详解：父母是指运星，父即父母卦之阳卦，母即父母卦之阴卦。如丁星到山，但被运星所克，主子女均不发丁。

原文：我生之而反被其灾，为难产以致死。

详解：我是指山星，山星若生之太过则反受其灾，如金能生水，水多金沉，故因泄之太过而难产致死。

例七运之午山子向宅。

丁午

1 4 六	6 8 二	8 6 四
9 5 五	2 3 七	4 1 九
5 9 一	7 7 三	3 2 八

子

震方为山星九紫火，但其因被运星五黄土、向星五黄土所泄，故会发生难产之事。

原文：不克我而我克，多出鳏寡孤独之人。

详解：我是指山星，运星是表父母的。即运星被山星所克，主家中出鳏寡孤独之人。

例九运之丑山未向宅。

未

2 7 八	7 2 四	9 9 六
1 8 七	3 6 九	5 4 二
6 3 三	8 1 五	4 5 一

丑

坐方是山星六白金克运星三碧木，故主家有鳏寡之人。

原文：家有少亡，只为冲残子息卦；庭无耄耋，多因裁破父母爻。

详解：这里有以飞星论休咎和方位论吉凶二种。

根据八卦取所属人物之象来论：乾为老父、坤为老母、艮为少男、兑为少女，意即六白、二黑、八白、七赤之飞星在失令时，主所属人物有损伤。

还有若西北乾方、西南坤方、东北艮方、西之兑方，若见形局凶恶，也主所属人物有损伤。

父母卦即运星，子息卦是指山星。坐山运星冲克失令之山星，又值流年飞星来冲，则家中多有少儿亡身。如山星冲克运星，则为家中没有老人居住。

原文：若艮配纯阳，鳏夫岂有发生之机兆。

详解：艮即八白土，纯阳是指三爻全为阳卦的乾卦，即为六白金。八白和六白之组合虽为土金相生但属纯阳之生，主出鳏夫。

原文：吉凶相并，螟蛉为嗣。

详解：若山向当旺之星同在一起，要么犯上山，要么犯下水。因动象处吉凶之应更强，若山星下水则主损丁，故有抱养他人孩子作义子之应。

例八运之卯山酉向宅，兑方见湖。

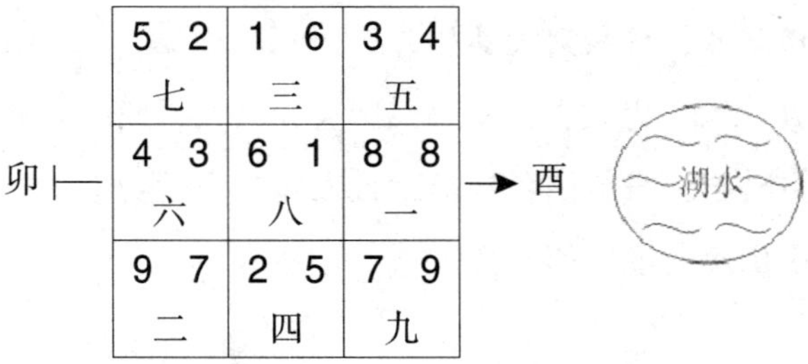

原文：孤龙单结，定主独夫。

详解：若形局单薄孤寒又山水不为两旺，则主丁少乏嗣。

原文：健而动，顺而动，动非佳兆。

详解：玄空风水有阴阳动静之说，水为阳主动，山为阴主静。

引申之就为：山向飞星俱动，则都落在水里。经曰：“山上龙神不下水”，这种都动的形局，势必会使健康受损、人丁不旺。

原文：丙临文曲，丁近伤官，人财因之耗乏。

详解：文曲是指巳，伤官即为未。

甲丙庚壬、辰戌丑未为地元龙，属逆子卦。

辛癸乙丁、寅申巳亥为人元龙，属顺子卦。

若地元龙与人元龙相兼：壬亥、癸丑、乙辰、丙巳、丁未、庚申、辛戌、甲寅，则为出卦兼，主败男丁，甚则有三代绝嗣之象。

第九节 淫 邪

原文：四荡一淫。

详解：四绿巽卦为风，性飘荡不定。一白坎卦为水，性淫而浮。失令的四绿和一白之组合，主人沉迷于酒色而飘泊不定。

原文：巽阴就离，风散则火易熄。

详解：巽卦四绿木为风尘，离卦九紫火为欲火，四绿和九紫为纯阴组合且又失令时，主破财伤身、因色致祸，且多应在女性身上。

例七运之甲山庚向宅，门开离方。

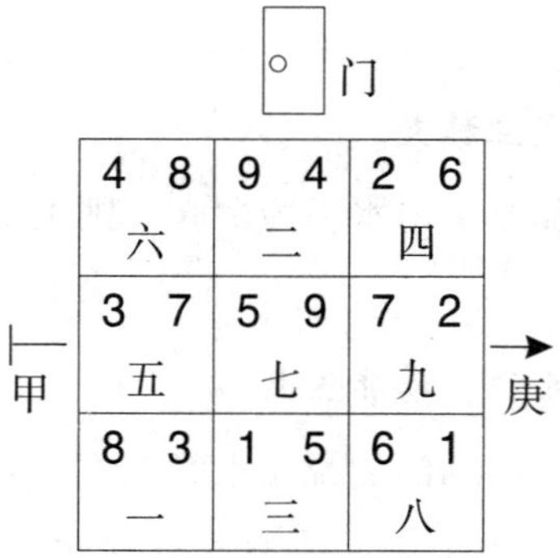

原文：离共巽而暂合。

详解：离即九紫火，巽即四绿木，九紫火被四绿木所生，但因皆属纯阴之卦，故虽相生却不能长久。当令时尚可，失令时主桃花破家。

原文：卦爻杂乱，异性同居。

详解：二十四山分属八个卦，每卦之中有地元龙、天元龙、人元龙各属一山，以六亲称呼则为：天元龙称父母卦，地元龙称逆子卦，人元龙称顺子卦。

在立山向时，贵在一卦纯清，即以不兼为好，否则易出现阴阳差错或出卦的错误。

若坐向之线犯阴阳差错或出卦，则主家有淫乱之象。

原文：午酉逢而江湖花酒。

详解：这里是以九星配地支来看的。

午是指九紫离卦，酉是指七赤兑卦，离为欲火为美女，兑为妓女为酒水。故九紫和七赤之失令组合，主纵情酒色。

例八运之壬山丙向宅，门开离方。

原文：阴神满地成群，红粉场中空快乐。

详解：二黑、四绿、七赤、九紫为四阴星，值衰死是为阴神。因二黑为主妇、为阴户；四绿为长女、为淫荡；七赤为少女、为娼妓；九紫为中女、为欲火。若会于门路、向首、中宫处的全是阴神，主出风尘女子、妇女有风声之丑闻。

原文：非类相从，家多淫乱。

详解：若山向飞星失令，形局与理气颠倒，形势反背无情，主出不正之人。

原文：金水多情，贪花恋酒。

详解：金指兑金，兑为少女、为妓、为义；水为坎水，坎为中男、为酒、为淫。七赤和一白之失令组合，主出贪花恋酒又薄情寡义之人。

例四运之子山午向宅，门开巽方。

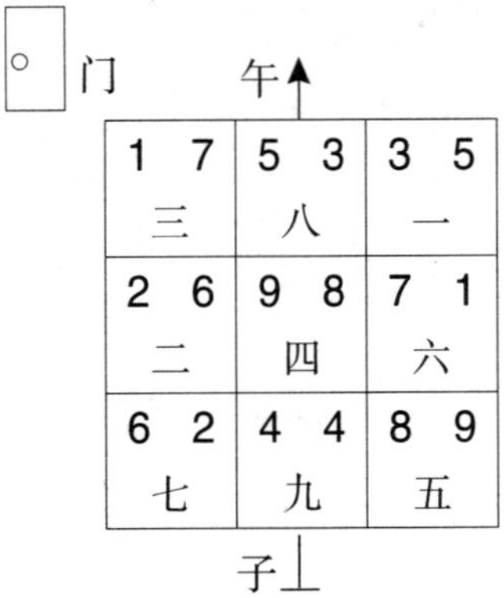

原文：同来震巽，昧事无常。

详解：震巽是指三碧、四绿的飞星组合，震卦于人物为长男为出，巽卦于人物为长女为入，表男女同在一起出入，没有多久便产生了暧昧之事。

原文：砂形破碎，阴神值而淫乱无羞。

详解：阴神是指飞星二黑坤卦、四绿巽卦、七赤兑卦、九紫离卦，若在飞星所到之方见破碎之山石，主女性淫乱、不守妇道。

第十节 姻 缘

原文：地天为泰，老阴之土生老阳。

详解：地即坤卦，表二黑土为老阴。天即乾卦，表六白金为老阳。二黑和六白之组合为五行土金相生且阴阳相配的泰卦，在当令时主夫妻恩爱、白头偕老。

原文：泽山为咸，少男之情属少女。

详解：先天八卦中的天地定位、山泽通气、雷风相薄、水火不相射为阴阳正配。

泽为兑卦，表七赤金，于人物为少女。山为艮卦，表八白土，于人物为少男。七赤和八白之组合为土金相生且阴阳相配，在当令组合时主青年男女两情相悦。

同理，雷风相薄就是三碧和四绿的组合，水火不相射就是一白和九紫的组合，若其为当令组合时，均主成年夫妇琴瑟和谐。

原文：鲜姻缘之作合，寄食于南北人家。

详解：这里是用方位来表示飞星的。

后天八卦中的一白与九紫、二黑与八白、三碧与七赤、四绿与六白为阴阳合十。

南为离卦为九紫，北为坎卦为一白，一白和九紫为合十组合且阴阳相配，主夫妻和睦、婚姻美满。

原文：男女多情，无媒妁则为私约。阴阳相见，遇冤仇而反无冤。

详解：这里的男女和阴阳，仍是指合十而言，但指的是乾巽和坤艮之合十。因乾为父，坤为母，喻指已结过婚的人。

这种六白和四绿及二黑和八白之组合的婚姻，虽不为人所赞成，但若组合当令且山水形势有情，也主能有良缘。

例八运之未山丑向宅。

未

6 3 七	1 7 三	8 5 五
7 4 六	5 2 八	3 9 一
2 8 二	9 6 四	4 1 九

丑

艮方当令之向星八白与二黑成合十之组合，若又见形局佳者，主少男与妇女也能喜结良缘。

原文：坤艮通偶尔之情。

详解：坤为二黑土，表寡妇或有夫之妇。艮为八白土，表少男指未婚的小伙子。二黑和八白之组合虽为合十，但若失令或不合形局，则表少男与妇女私下偷情。

原文：乙辛兮家室分离。

详解：这里是用天干来代表飞星的。

乙在震卦为三碧，辛在兑卦为七赤。三七阴阳合十，正合夫妻相配，但若失令或不合形局，则反成金木相克，主夫妻反目而分离。

原文：戌未僧尼，自我有缘何益？

详解：这里是用地支来代表飞星的。

戌未是指六白金和二黑土，即乾坤二卦。乾卦于人物为父为僧，坤卦于人物为母为尼，主家人有宗教信仰而出家为僧尼。但因僧尼均为出家的空门中人，即使有缘，又有何益处？这也是指不正当的男女关系。

例七运之卯山酉向宅，门开艮方。

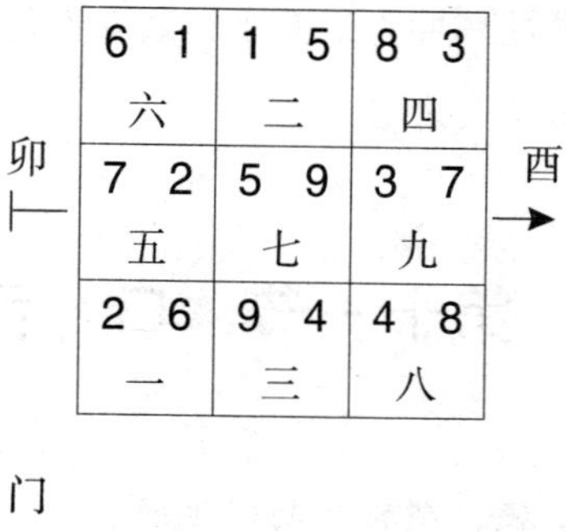

原文：无室家之相依，奔走于东西道路。

详解：东为震卦为三碧，西为兑卦为七赤。其组合若失令则为穿心煞。再见山水形势反背，更主夫妻反目，家庭破裂。

例八运之未山丑向宅。

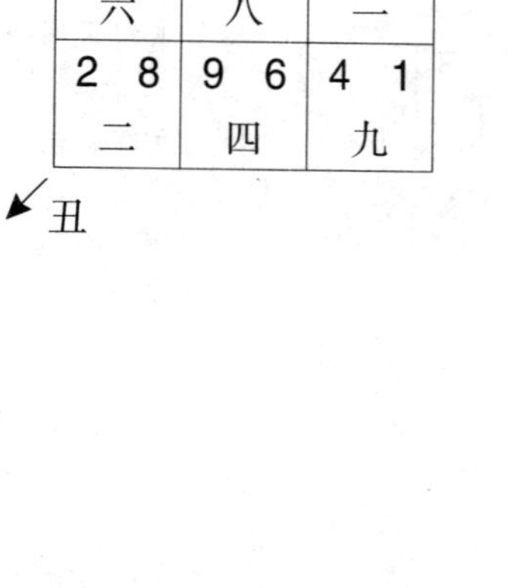

离方向星七赤与运星三碧虽合十，但因是失令之星且被马路冲射，故主夫妻反目，家庭破裂。

原文：坎流坤位，买臣常遭贱妇之羞。

详解：朱买臣，汉会稽人。其微时，家甚贫，卖薪自给，且行且读，妻羞之，背之去。武帝时，严助荐之于朝，召对称旨，拜中大夫。会东越反，受命为会稽太守。乘传入吴，见故妻与夫治道，买臣命后车载其夫妇入太守舍，妻惭忿，自缢死。

坎为一白水，表男性。坤为二黑土，表女性。二黑土能克一白水，则主家中女性当权，甚者出欺夫之妻。

第十一节　口　舌

原文：须识七刚三毅，刚毅者制则生殃。

详解：这里是用数字来代表飞星的。

七即七赤金为破军为剑锋，三指三碧木为蚩尤为争斗。其组合为金木相克，此时若再逢九紫火来克制，则更激起七赤和三碧的凶性，主有血光之灾、口舌官非及被贼所劫。

例六运之辛山乙向宅，门开巽方。

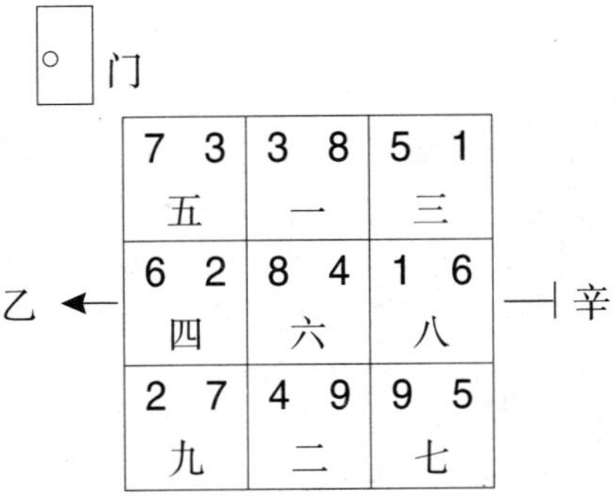

巽方若逢流年九紫飞到，则与山向飞星成连续相克之势，主有血光之灾。

原文：乾兑托假邻之谊。

详解：乾为六白金，居西北方；兑为七赤金，居西方。因六白乾与七赤兑在宫位中是相邻的，且它们的组合又为肃杀之气太重的金金相交，故称为假邻之谊。若失令便主争执、盗劫、血光之灾。

原文：震与坎为乍交。

详解：震为三碧木，坎为一白水，水木相生，本为吉论。但因是阳水生阳木，所谓“孤阳不生，独阴不长”。故力量不能持久，谓之“乍交”，当令时尚可，失令时主是非小人。

原文：水势斜冲，阳卦凭则是非牵累。

详解：阳卦是指挨星一白坎卦、三碧震卦、六白乾卦、八白艮卦，若在挨星所到之方见斜冲之河，会牵连是非口舌。

第十二节　刑　犯

原文：乾若悬头，更痛遭刑莫避。

详解：六白乾卦为头，若在该方见断头之山形，会遭斩首。

例七运之壬山丙向宅，艮方见断头山。

丙

2 3 六	7 7 二	9 5 四
1 4 五	3 2 七	5 9 九
6 8 一	8 6 三	4 1 八

壬

断头山

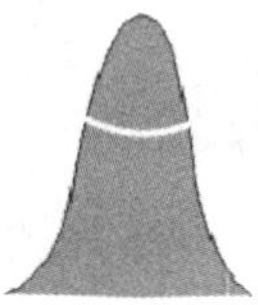

原文：申尖兴讼。

详解：这里是以二十四山言飞星的。

申在坤卦，为二黑，即指二黑所到之方，失令又见尖峰。因尖峰五行属火，火能生土，使二黑凶性被生旺，主官非口舌。

原文：鸡交鼠而倾泻，必犯徒流。

详解：这里是用生肖来代表飞星的，十二生肖对应地支之关系列表如下。

生肖	鼠	牛	虎	兔	龙	蛇	马	羊	猴	鸡	狗	猪
地支	子	丑	寅	卯	辰	巳	午	未	申	酉	戌	亥

鸡为酉，表七赤；鼠为子，表一白。即七赤和一白之失令组合，主劳碌奔波，迁徙外乡。又因兑卦为刑，坎卦为陷，若再见形局倾泻无情，则有充军远配之象。

原文：雷出地而相冲，定遭桎梏。

详解：这里是用八卦的自然属性来代表飞星的。

九星	一白	二黑	三碧	四绿	五黄	六白	七赤	八白	九紫
八卦	坎	坤	震	巽		乾	兑	艮	离
自然属性	水	地	雷	风		天	泽	山	火

雷是指三碧震卦，地是指二黑坤卦，即三碧和二黑之失令组合，临于凶形恶煞相冲之处，主犯法遭刑。

原文：三七叠至，被劫盗更见官灾。

详解：三指三碧为贼星，七指七赤为刑曜。三碧和七赤之失令组合，主被盗贼劫掠、官司口舌。

第十三节　车　祸

原文：壮途蹶足。

详解：壮即雷天大壮卦，就是三碧震与六白乾的组合。震卦于身体为足，乾卦于动物为马，古时是指马在路上因被绊而伤足，现代可引申为车祸事故或有伤足之灾。

例八运之丑山未向宅，门开巽方。

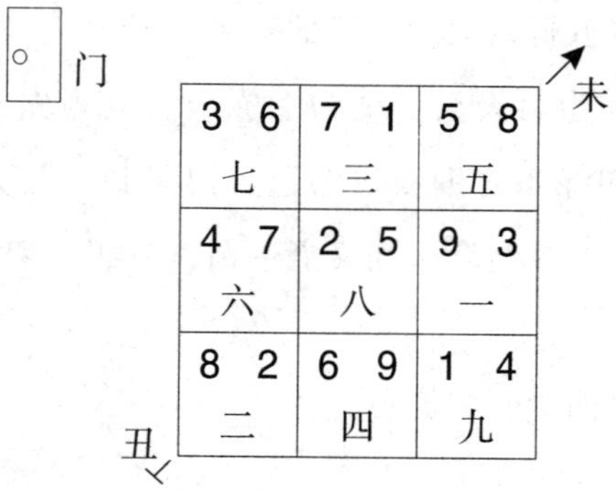

原文：赤为形曜，哪堪射胁水方？

详解：七赤为破军，主刑杀，若失令时又见如射胁之凶水，主被金属伤身或车祸之灾。

第十四节　火　灾

原文：赤紫兮，致灾有数。

详解：依河图五行，七赤为先天火数。依洛书五行，九紫为后天火数。故七赤和九紫的失令组合，主有火灾之应或突发祸事之验。

原文：楼台耸焰，当七赤旺地，岂免火灾。

详解：耸为高且尖之物，表火形；焰指红色或霓虹灯，为火行。若在此处又逢七赤星，当要注意引发火灾。

原文：火克金兼化木，数惊回禄之灾。

详解：这里是以五行来表示飞星的。

火即九紫火，九为后天火；金为七赤金，七为先天火。化木有二种解释：一为遇三碧和四绿木之助；二为遇一白飞到，与九紫火相激使壬丁化木。即九紫和七赤之失令组合，当又遇一白、三碧、四绿同宫时，则有火灾凶应。

例三运之戌山辰向宅，门开离方。

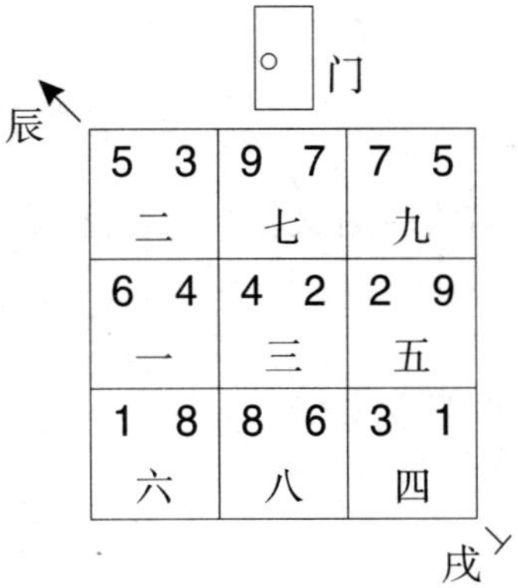

七	三	五
六	八	一
二	四	九

流年八白入中

门开在离方，纳九七失令组合若又逢流年三碧到离方，则有火灾之应。

第十五节　凶　祸

原文：复壁堪身。

详解：复即地雷复卦，就是二黑坤与三碧震的组合。从八卦取象可知，坤为土为墙，震为木为振动，意为山崩、倒墙伤身，现可指被重物击身而受伤。

例七运之丁山癸向宅，门开乾方。

丁

1 4 六	6 8 二	8 6 四
9 5 五	2 3 七	4 1 九
5 9 一	7 7 三	3 2 八

癸

原文：辰碎遭兵。

详解：辰在巽卦，飞星即四绿，且辰为天罡，犯之主被利器所伤。若四绿所到之处，失令更见形局破碎，主有血光之灾。

原文：重重克入，立见消亡。

详解：若所纳之气不当令，又遇运星、山星、流年飞星重重克入，则主立见凶祸之应。

例七运之酉山卯向宅，门开离方。

门

1 6 六	5 1 二	3 8 四
2 7 五	9 5 七	7 3 九
6 2 一	4 9 三	8 4 八

卯　西

离方向星一白水被运星二黑土、山星五黄土所克，若又遇流年之二黑、五黄、八白土重重克入，则立见凶祸。

原文：吉神衰而忌神旺，乃入室而操戈。凶神旺而吉神衰，直开门而揖盗。

详解：吉神是生旺之气，忌神和凶神均指衰死之气。就形局而言，若山星衰死之气强于生旺之气，主有内乱。若向星衰死之气强于生旺之气，主为外患。

原文：雷风金伐，定被刀伤。

详解：三碧震为雷为足，四绿巽为风为股。若三碧和四绿为失令组合，且该方又见如刀之形煞或被六白金、七赤金所克，主有四肢伤残之应。

例八运之丑山未向宅，巽方见刀形山。

刀形山

未

3 6 七	7 1 三	5 8 五
4 7 六	2 5 八	9 3 一
8 2 二	6 9 四	1 4 九

丑

巽宫见刀形山且失令之山星三碧木又被六白金、七赤金所克，主有四肢伤残之应。

原文：离乡砂见艮位，定遭驿路之亡。

详解：离乡砂即砂形向外反背，艮为路径为东北。若艮方见反背离乡砂，则主客死他乡。

艮方见形向外反背的砂，主客死他乡。

原文：巽宫水路缠乾，为悬梁之厄。

详解：巽为绳索，表四绿。乾为头，表六白。即四绿与六白之组合，若不当令且在该方又见弯曲缠绕之水路，则有悬梁自尽之厄。

原文：寅申触巳，曾闻虎咥家人，或被犬伤，或逢蛇毒。

详解：动物除了十二地支所对应的之外，还有八卦所配对的动物如下。

八卦	乾	兑	离	震	巽	坎	艮	坤
动物	鼠	羊	雉	龙	鸡	猪	狗	牛

寅为虎，也可表猫，其在艮卦为八白，艮卦于动物为狗。申为猴，其与羊均在坤卦为二黑，坤卦于动物为牛。巳为蛇，其在巽卦为四绿，巽卦于动物为鸡。这里的虎、猴、蛇为野生动物，在现代生活中已很难碰上，故应指被猫、狗、牛、羊、鸡这些家禽所伤。

原文：木见戌朝，庄生难免鼓盆之叹！

详解：《庄子·至乐》载：“庄子妻死，惠子吊之，庄子箕踞，鼓盆而歌”。《幼学琼林》云：“庄子鼓盆而歌，是夫妇之死别。”

木指四绿木，为巽卦，表女性；戌表六白金，为乾卦，表刑杀。故六白金和四绿木之失令方又见形煞，主有丧妻之祸。

原文：我生之而反被其灾，为难产以致死。

详解：我是指山星，山星若生之太过则反受其灾，如金能生水，水多金沉，故因泄之太过而难产致死。

第十六节　劫　盗

原文：须识七刚三毅，刚毅者制则生殃。

详解：七赤金为破军为盗徒，三碧木为蚩尤为贼星。其组合为金木相克，此时若再逢九紫火来克制，则更激起七赤和三碧的凶性，主被贼所劫。

原文：碧本贼星，怕见探头山位。

详解：碧指三碧，既指三碧震宫位，也可表山向飞星。因三碧为蚩尤贼星，若失令时更见探头山，主财被贼所窥而遭劫。

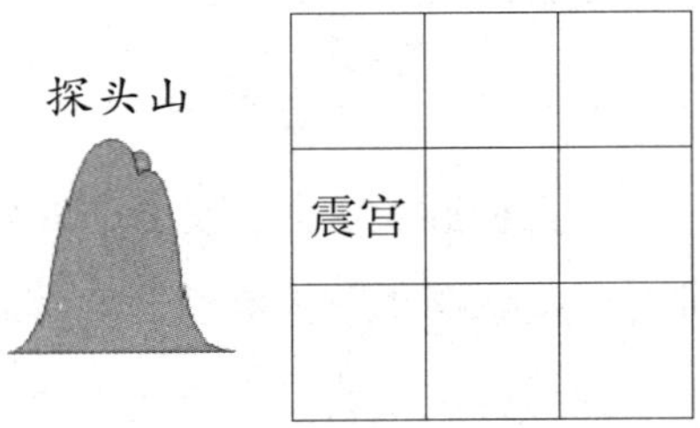

原文：木星金运，宅逢劫盗之凶。

详解：木星即山向飞星为三碧，金运指流年飞星为七赤，就是说当飞星为三碧，逢流年七赤到时会有遭劫被盗之凶应。不独此，当飞星为七赤，逢流年三碧到时也同论。

第十七节 疾 病

原文：乾首坤腹，八卦推详；癸足丁心，十干类取。

详解：玄空推断疾病克应，多以八卦卦象来论断，下面就列出八卦与人身疾病的对应表。

星曜	八卦	人身取象	相关部位	有关疾病
一白	坎	耳	肾、子宫	忧郁症、妇科、肾病、血病、耳疾、水肿、惧冷。
二黑	坤	腹	皮肤、胃	皮肤病、肠胃病、肥胖症、热症、肌肉发炎。
三碧	震	足	胆	肝胆病、足伤、惊恐症、甲状腺、声嘶、神经痛。
四绿	巽	股	肝	秃发、神经系统、肝胆病、气喘、乳疾、体臭、过敏。
五黄	中宫	内脏	五脏六腑	毒疮、绝症、癌症、高烧、恶病。
六白	乾	首	头、骨	头疾、骨病、伤寒、发冷、高血压。
七赤	兑	口	肺、唇	呼吸系统病、舌疮、牙痛、刀伤、兔唇、肺结核。
八白	艮	手	脊椎、鼻	肠胃病、鼻疾、结石、脊椎、关节、肿瘤、瘟疫。
九紫	离	目	心脏	目疾、心脏病、灼伤、血病、斑疹、脱水。

玄空派论断疾病，除以八卦卦象推断外，亦可以干支来论断。现列出十天干及十二地支的人身取象：

天干	人身取象	地支	人身取象
甲	头	子	疝气
乙	颈	丑	脾、肝
丙	肩	寅	背、股肱
丁	心	卯	目、手
戊	肋	辰	背、胸
己	脾	巳	面、齿
庚	脐	午	心、腹
辛	股	未	脾、肋
壬	胫	申	咳嗽
癸	足	酉	背、肺
		戌	头、颈
		亥	肝、肾

原文：坎宫高塞而耳聋，离位摧残而目瞎，兑缺陷而唇亡齿寒，艮伤残而筋枯臂折。

详解：这里是以方位配合卦理取象来论吉凶的。

根据八卦取人体之象：坎为耳，离为目，兑为口，艮为手，故某方受损则应该方所主之象有疾。

这里也可以飞星配合形局而论。

一白坎水为耳为肾，若逼塞或被二黑土、五黄土、八白土所克或失令，主聋哑、弱智、肾病。

九紫离火为目为心，若破碎或被一白水所克或失令，主眼目之疾，精神失常。

七赤兑金为口为肺，若凹缺或被九紫火所克或失令，主唇缺齿痛，肺病喉症。

八白艮土为手为背，若崩陷或被三碧木、四绿木所克或失令，主手臂骨折、筋骨关节疼痛。

原文：切莫伤夫坤肉震筋，岂堪损乎离心艮鼻。

详解：这句是讲飞星若受伤，则该星所代表的身体部位当有疾病。飞星受伤有理气和形局之分。

以上所说的坤震离艮就是指飞星二黑、三碧、九紫、八白，如二黑土遇三碧木或四绿木所克，因土被木克，主皮肉之病。如三碧木遇六白金或七赤金所克，主神经系统之病。如九紫火遇一白水所克，主心脏和目疾。如八白土遇三碧木或四绿木所克，主患鼻病。

若飞星所到之方，有恶山破石、屋角、烟囱、路冲、反弓水等煞物冲射，则飞星二黑方主皮破肉伤；飞星三碧方主伤筋及神经系统疾病；飞星九紫方主心病或眼疾；飞星八白方主鼻疾。

原文：青楼染疾，只因七弼同黄。

详解：七是指七赤，弼为九紫右弼星，黄即五黄。根据卦象，七赤兑卦为妓女，九紫离卦为美女，五黄为病毒，又五黄、七赤、九紫全为阴性之组合，主嫖妓而染得性病。

原文：子癸岁，廉贞飞到，阴处生疮。

详解：子癸在坎宫为一白，坎卦于人体为生殖器官；廉贞即五黄。一白水在失令时又遇五黄土来克制，则主生殖器官之疾病，或有阴处生疮毒之象。

原文：水冷金寒，坎癸不滋乎乾兑。

详解：坎癸是指一白水，乾即六白金，兑为七赤金。一白水与六白金或七赤金若为失令之组合，则成水冷金寒之败局，主性冷感、不孕症、遗精血崩。

例四运之壬山丙向宅，门开震方。

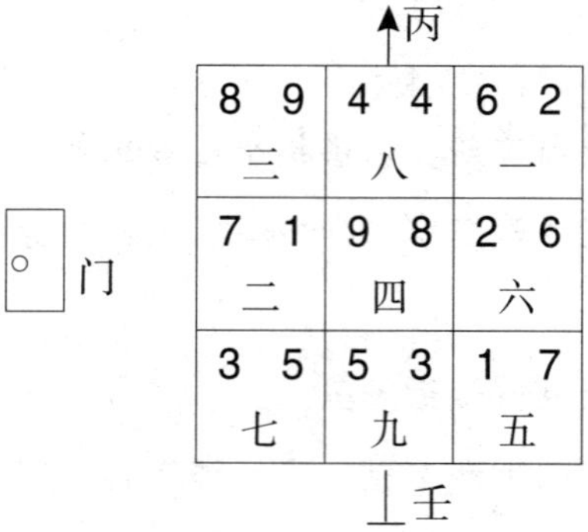

原文：坎宫缺陷而堕胎，离位巉岩而损目。

详解：坎宫在这既指北方，也指一白星。因一白坎水是主生殖器和子宫，故若坎宫有缺陷形煞，则女性易有流产之事。

离位即九紫火，于人体表眼睛，故九紫火所到之方或南方位，见山石破损，皆主有眼目之疾。

例六运之子山午向宅，巽方路冲。

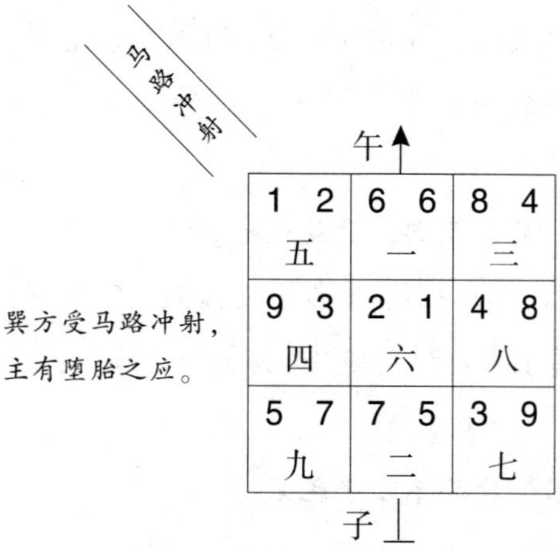

原文：漏道在坎宫，遗精泄血。

详解：漏道指分两道流去的出水口，即若出水口之流水分二道倾斜直泻在一白方或坎宫，主有肾疾。

原文：豫，拟食停。

详解：这里又是以六十四荡卦来代表飞星的组合。

豫即雷地豫，是指三碧震卦和二黑坤卦的组合。由于坤卦于人体为肠胃，现被三碧木来克，主有消化不良、肠胃之疾，故为停食之象。

原文：临，云泄痢。

详解：临即地泽临，是指二黑坤卦和七赤兑卦的组合。由于坤卦为二黑为病符，兑卦于人体为口，故表病从口入而引发泄痢。又坤卦于人体为肠胃，兑卦性冷而下，七赤金能泄二黑土，使肠胃因寒且泄气太过而导致泄痢。

例七运之甲山庚向宅，门开兑方。

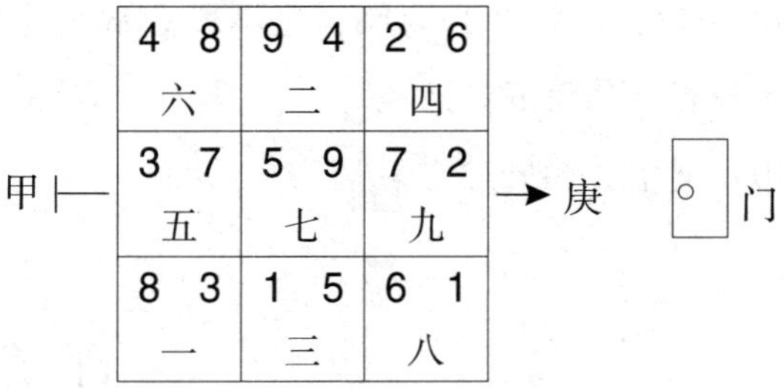

原文：谁知坤卦庭中，小儿憔悴。

详解：此句是讲流年五黄星所到方之凶应。

坤卦庭中是指流年二黑星入中宫顺飞，则五黄土到艮方。二黑坤卦于身体为胃，五黄为病毒，艮卦于人物为少男，即五黄所到之艮方见形煞或动象，主小儿因胃病而形容憔悴。

原文：风行地上，决定伤脾。

详解：巽卦为风为四绿，坤卦为地为二黑，坤卦于人体为脾胃。指四绿木和二黑土之相克组合，主患脾胃之疾。

例三运之癸山丁向宅，艮方有屋角。

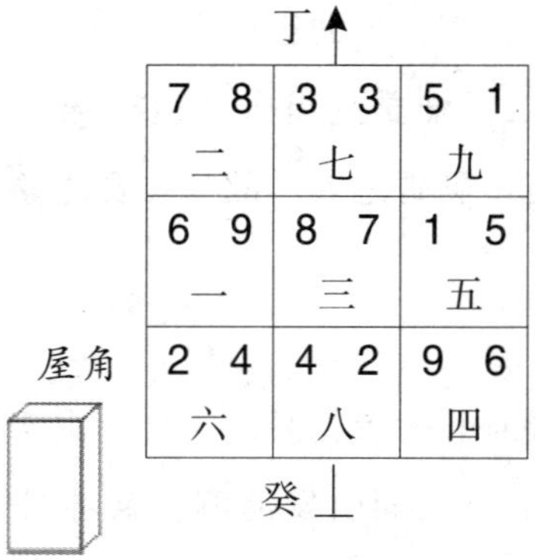

艮方为四绿木克二黑土，且又被屋角冲射，故出有病之人。

原文：寒户遭瘟，缘自三廉夹绿。

详解：三指三碧，廉为五黄廉贞星，绿即四绿。根据卦象，三碧震卦为蛊为细菌，五黄为病毒，四绿巽卦为风，主不但家贫且还常遭瘟病（如疟疾、风疹、感冒等流行性传染病）感染。

例八运之卯山酉向宅，门开坤方。

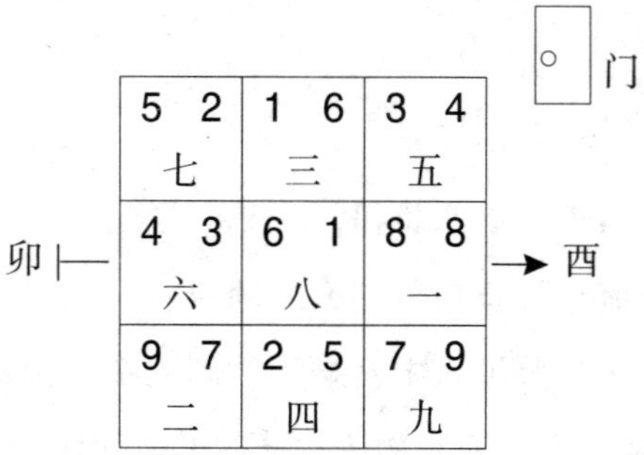

原文：腹多水而膨胀，足以金而蹒跚。

详解：腹为坤卦，表二黑；水为坎卦，表一白。即二黑和一白为失令组合时，主有腹部积水之患。

足为震卦，表三碧。即三碧和六白、七赤为失令组合时，主有足跛之应。

原文：碧绿风魔，他处廉贞莫见。

详解：碧指三碧，绿即四绿，在三碧和四绿失令时又遇五黄加临，主患中风、神经衰弱之症。

例八运之辛山乙向宅，门开震方。

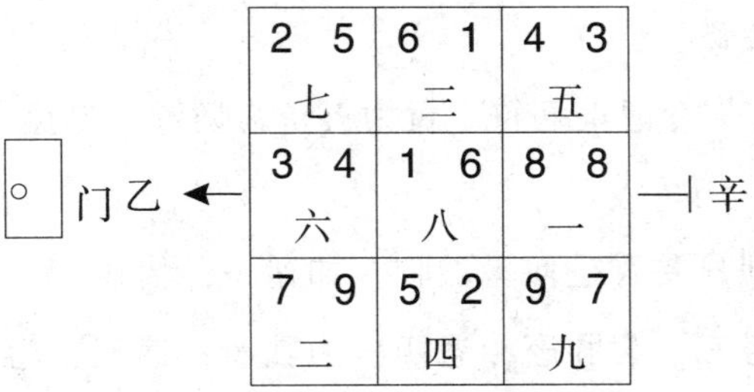

震方三碧和四绿为失令之组合，若又逢流年五黄飞临，主患中风、神经衰弱之症。

原文：乳痈兮四五。

详解：四绿巽卦于人体为乳，五黄为疮毒为脓血。若四绿和五黄相逢在失令时，则主乳腺发炎、乳癌恶症。

原文：风郁而气机不利。

详解：巽卦为风，于人身为气，主呼吸；郁为树盛。失令的四绿星所到之处见树盛阴暗又阻气流畅时，主患呼吸系统疾病。

原文：破军居巽位，颠疾风狂。

详解：破军指七赤，也指形势尖利破碎，即在四绿方被七赤所克或见形局尖利破碎之山，主颠疾风狂。

例八运之艮山坤向宅，兑方见尖形山。

↗坤

1 4 七	6 9 三	8 2 五
9 3 六	2 5 八	4 7 一
5 8 二	7 1 四	3 6 九

↙艮

原文：黑黄兮，酿疾堪伤。

详解：黑是指二黑，在失令时谓病符。黄为五黄为病毒，二黑和五黄之失令组合，多为恶病癌症。

至于得何处之恶癌，则只要看是何星加临，如遇一，为血癌、子宫癌；遇二，为胃癌、皮肤癌；遇三，为肝癌；遇四，为乳癌；遇五，为皮肤癌、一切内脏之癌症；遇六，为肺癌、脑癌、骨癌；遇七，为喉癌；遇八，为鼻癌；遇九，为肠癌、血癌。

原文：头响兮六三。

详解：六即六白乾卦为首为头，三指三碧震卦为雷为响声。六白与三碧为金木相克且又是失令组合时，主有头鸣头痛之疾。

原文：乾为寒，坤为热，往来切记。

详解：乾坤是指飞星六白和二黑，乾为立冬卦气，为寒；坤为小暑卦气，为热。若失令又见穷山恶水，主易患寒热之症。

例七运之庚山甲向宅，门开坤方。

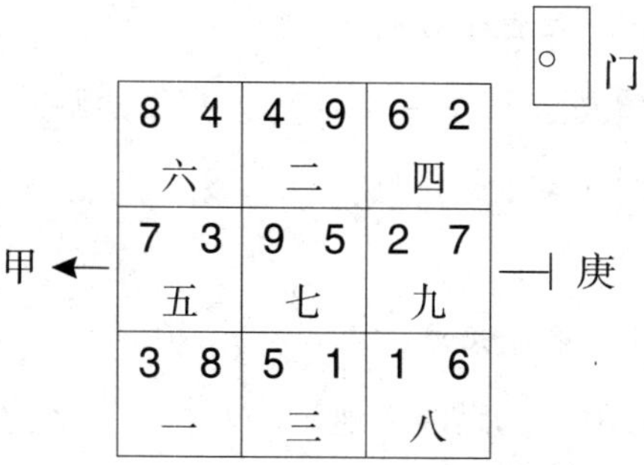

原文：须识乾爻门向，长子痴迷。

详解：此句是讲流年飞星在失令时到门之咎。

乾爻门向是指乾卦六白金到门口，乾卦于身体为头为脑，长子即震卦三碧木，因木被金所克，故失令之六白到门口时，主长子痴迷。

原文：火照天门，必当吐血。

详解：火即九紫火；天门指乾卦，即六白金，乾卦于人体为肺部，故九紫火和六白金之相克组合，主患肺炎。若乾方又见炉灶，则为有伤肺吐血之应。

例八运之艮山坤向宅，灶在乾方。

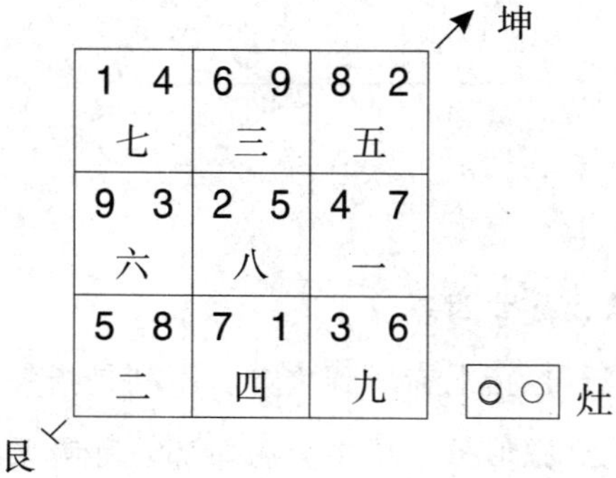

原文：紫黄毒药，邻宫兑口休尝。

详解：九紫五黄同宫，在失令时又遇七赤加临，因七赤为兑卦为口为肺，故主吸烟伤肺、口服毒药亡身。

原文：山地被风，还生风疾。

详解：八白艮为山，二黑坤为地。若八白和二黑之失令组合且又空旷受风射或被四绿木所克，主有风湿瘫痪之疾。

原文：酉辛年，戊己吊来，喉间有疾。

详解：这里所指的年，并不是指流年，而是一种借喻。

酉辛在兑宫为七赤，兑卦于人体为口为气管，戊己在中宫为五黄，七赤金在失令时又遇五黄土来生助，则主口腔、咽喉、呼吸系统之疾病。

例七运之戌山辰向，门开乾方。

辰

9 7 六	4 2 二	2 9 四
1 8 五	8 6 七	6 4 九
5 3 一	3 1 三	7 5 八

戌 门

原文：兑不利钦，唇亡齿寒。

详解：兑表兑宫，也指七赤所到之方，不利是指失令或犯形煞来讲，故七赤飞星失令方或兑宫犯形煞，均主会患口部及呼吸系统之病。

原文：兑位明堂破震，主吐血之灾。

详解：兑为口为肺为七赤，震为肝为三碧。即七赤和三碧为失令组合又被水路直冲，主有吐血之病。

原文：艮非宜也，筋伤股折。

详解：艮表艮宫，也指八白所到之方，非宜是指失令或犯形煞而言，故八白飞星失令方或艮宫犯形煞，均主会有肠胃、筋络、脊椎之疾。

原文：山风值而泉石膏肓。

详解：此句是以九星配卦象来断，山是指八白艮卦，风是指四绿巽卦，若八白和四绿为失令之组合，则主易患结石及难治之症。

例七运之甲山庚向宅，巽方见乱石堆。

乱石堆

	4 8 六	9 4 二	2 6 四	
甲 ├─	3 7 五	5 9 七	7 2 九	─→ 庚
	8 3 一	1 5 三	6 1 八	

原文：火炎土燥，南离何益乎艮坤。

详解：南离是指九紫火，艮即八白土，坤为二黑土，本来九紫火与八白土或二黑土成火土相生以吉论。因玄空风水注重的是元运之衰旺，得令者为旺，失令者为衰。即九紫与八白或二黑组合在失令时便称为火炎土燥，主目疾和腹病。

原文：火暗而神志难清。

详解：火暗有以下三种解法：一是九紫和一白之组合，九紫之火被一白水所克制也。二指九紫和二黑之组合，因二黑坤土为阴湿之土，也能使九紫火晦暗且又泄火气。三为飞星九紫火所到之方阴暗。若失令之九紫星在上述情况下，则主人神志难清，愚钝无知。

从玄空飞星看 2003 年之“非典”

玄空风水是以紫白九星之旺衰来断事的，它不但可测算住宅吉凶，还可推演天下气运。

2003 年为七赤兑运的最后一年，即为运替之时，风水学说认为：运替之时则七赤破军星已为衰气而呈凶性。

七赤兑卦在人体为口、肺、唇、呼吸系统，“非典”是由呼吸道感染的肺部之疾，又七赤为先天之火，故“非典”患者有发烧之症状。

根据 2003 年六白星入中则可看出：位于东南巽方的广东是五黄瘟疫星和暗五黄同到，位于北之坎方的北京是二黑病符星和飞星太岁同临，故广东和北京才会受“非典”肆虐之深，危害之重。

第十八节　综合断事法

原文：七逢三到生财，岂识财多被盗。

详解：七为七赤金，三为三碧木。三碧木被七赤金所克，我克者为财，但由于三碧为蚩尤贼星，故主财被盗。

例七运戌山辰向宅，巽方为大型落地门窗，其向星为七赤，在七运时为当令旺气，故财气较旺。2005 年已属八白艮运，七赤则成退气而以凶论。

乙酉年四绿入中，三碧到巽方，故断该宅在今年会发生财物被盗现象。宅主当即反馈，今年已被盗电瓶车和自行车各一辆。

辰↖

9　7 六	4　2 二	2　9 四
1　8 五	8　6 七	6　4 九
5　3 一	3　1 三	7　5 八

↘戌

三	八	一
二	四	六
七	九	五

2005 乙酉年，四绿入中

原文：三遇七临生病，那知病愈遭官。

详解：三为蚩尤，喜争斗；七为破军，主口舌，三七在失令时为穿心煞，不但会有病痛，还会遭口舌官司。

例七运庚山甲向宅，震方有一条笔直的马路直冲，其山星七赤犯下水，向星三碧为死煞之气，原本财气和身体都很好的宅主，自从搬入此新宅后，自感身体日渐走下坡。在 2000 年是九紫入中，七赤飞到震方与原局山星七赤犯伏吟，与向星三碧犯反吟，此年不但因胆结石开刀住院，还在生意上因被诈骗破财而引发官司，这真是冲起囚宫化作灰。

马路　甲←

8　4 六	4　9 二	6　2 四
7　3 五	9　5 七	2　7 九
3　8 一	5　1 三	1　6 八

—|庚

八	四	六
七	九	二
三	五	一

2000 庚辰年，九紫入中

原文：九紫虽司喜气，然六会九而长房血证。

详解：九紫为离卦表喜气，但由于九紫离火克六白乾金，主宅主或长房有血光之灾。

例七运巳山亥向宅，震方近处为高压塔，其在八卦中用离来代表，离卦即九紫火。看风水应形气相兼、以象推星，故此塔与向星可看作是九紫和六白的组合。九紫本主喜庆，为何这儿却以凶断呢？因在运行作业的高压塔所产生的动力正好催动了失令的六白向星，故要以凶断。在2001年为八白入中，六白飞到震方，与山星四绿犯反吟，向星六白犯伏吟。六白为乾卦为车，四绿为巽卦为风表疾驰，九紫为离卦为血，故宅主在此年因开车过快而发生恶性交通事故。

巳

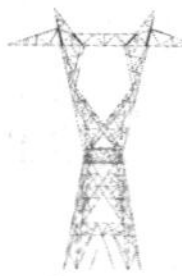

高压塔

5 7 六	1 3 二	3 5 四
4 6 五	6 8 七	8 1 九
9 2 一	2 4 三	7 9 八

亥

七	三	五
六	八	一
二	四	九

2001 辛巳年，八白入中

原文：八逢紫曜，婚喜重来。

详解：紫曜为九紫火，表喜庆。八为八白土，其为吉星若又得九紫来生，主喜气重重。

例七运艮山坤向宅，离方开门。在2004年门所纳得的向星八白由原先七运时的生气变为现在八运的当令旺气，八白为艮卦为重山为瓜果，此年五黄入中，主喜庆的九紫到门口去生向星八白土。事实宅主的儿子于该年正月结婚，年底又添一丁。

门　坤

2 3 六	6 8 二	4 1 四
3 2 五	1 4 七	8 6 九
7 7 一	5 9 三	9 5 八

艮

四	九	二
三	五	七
八	一	六

2004 甲申年，五黄入中

原文：四绿固号文昌，然八会四而小口殒生，三八之逢更恶。

详解：四绿为巽卦为文才，但由于四绿巽木克八白艮土，主小孩有亡命之厄。

例七运酉山卯向宅，乾方开门。经曰：“山上龙神不下水”，山星下水则会有损人丁之象。表小孩的八白山星犯下水且又被三碧木克之，故会有小孩亡命之厄。看风水者当应结合实际才对，由于古时医疗技术不发达，生活条件贫困，小孩体质本又较弱，往往那些病重的小孩都会有夭折之厄。在现代有许多疾病都可药到病除，此例的小孩就是在2002年患有肝炎，经住院医疗后病愈出院。

卯 ← ⊣ 酉

1 6 六	5 1 二	3 8 四
2 7 五	9 5 七	7 3 九
6 2 一	4 9 三	8 4 八

门

一	六	八
九	二	四
五	七	三

1998 戊寅年，二黑入中

原文：六遇辅星，尊荣不次。

详解：辅星即左辅，表八白土。六为六白，表乾卦主尊贵，其与八白为先后天卦且五行相生，故主荣华富贵。

例七运丙山壬向宅，坎方开门。坎宫向星八白为生气到门口，山星六白退气到门口正好使其脱煞。故而坎宫之山向飞星组合，可断宅主能享荣华富贵。

在2003年，飞星太岁飞至坎宫且流年飞星是二黑与向星八白又合十，事实宅主在此年由工商银行的科长升至行长。

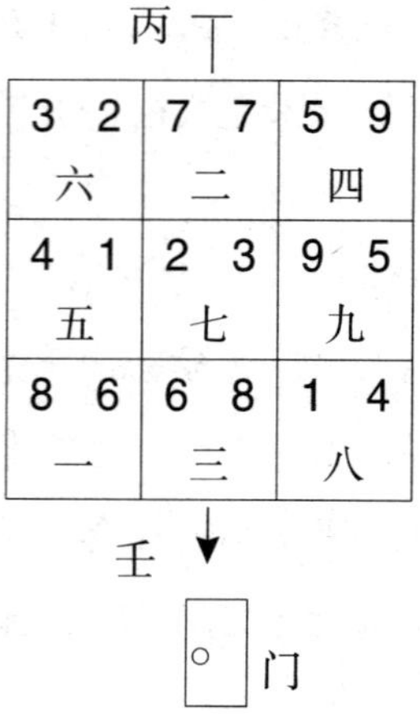

五	一	三
四	六	八
九	二	七

2003 癸未年，六白入中

原文：正煞为五黄，不拘临方到间，人口常损。

详解：五黄为正关煞，不论生克俱凶。特别是流年飞星五黄到原局凶方，常会有人口受损的恶应。

例七运壬山丙向宅，坤方见三支热电厂的大烟囱。该方运星为四绿木生助山星九紫火，而九紫火又生向星五黄土。在 2001 年，流年五黄飞到坤宫加强其凶应，事实该年家里死人。

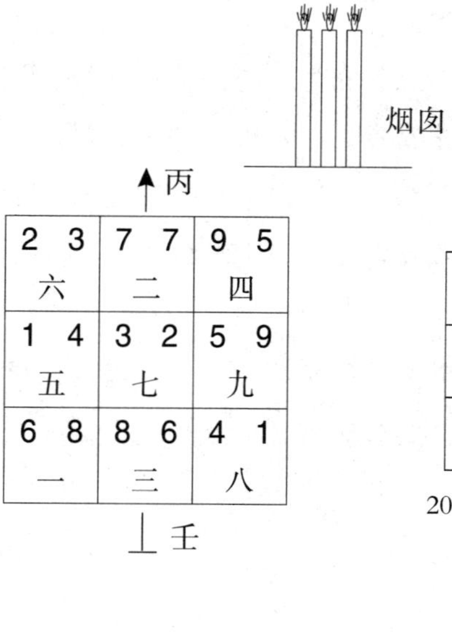

七	三	五
六	八	一
二	四	九

2001 辛巳年，八白入中

原文：病符为二黑，无论流年小运，疾病丛生。

详解：指动象处或用事位的山向飞星是二黑或流年二黑飞临时，主疾病丛生。

例七运西山卯向宅，门开艮方。

1　6 六	5　1 二	3　8 四
2　7 五	9　5 七	7　3 九
6　2 一	4　9 三	8　4 八

此宅门纳向星二黑，在七运时为死气本作凶断，但此方为双重城门实以吉论。要知飞星之吉凶不能仅以旺衰就可轻易下定论的。

至八运时亦为死气，确有宅中之人多发重病现象，要知也有门虽开同处却不但无病还旺财催贵呢。之所以出现截然不同的效应，是因我们在看风水时还须注意其他宫位的飞星与其组合等关系，只有综合分析方能得出准确的结论，故而读者在运用断诀赋文时切勿呆板套用。

第四章　操作技巧篇

第一节　《阳宅三十则》详解

一、城乡取裁不同

原文：乡村气涣，立宅取裁之法，以山水兼得为佳。城市气聚，虽无水可收，而有邻屋之凹凸高低，街道之阔狭曲直。凹者、低者、阔者、曲动者为水。直者、凸者、狭者、持高者为山。

导解：在农村由于地势空旷使气较涣散，故在立宅取向时以兼得自然之山水为吉。

大都市地气密聚、人气旺盛，虽无真山和真水，但可依“高一寸兮即是山，低一寸兮即是水”来推论。故可把低凹处、空阔处、马路作虚水论，把高楼大厦、凸出之建筑物视山来断。这种以宅外的周边环境来论吉凶是属于外极的应用，在符合特殊条件时，外极也可用于室内。立极之法还有内极、人极、间极、分极、气极，每种方法都有其灵活的使用条件和不同的吉凶效应。

现代住宅在结构上多有缺角或凹形，其吉凶是不能单以八卦之方位及其卦象来论，而应以宫位结合飞星来看方为至要。

二、挨　星

原文：阳宅挨星与阴宅无异，以受气之元运为主，山向飞星与客星之加临为用。阴宅重向水，阳宅重门向，然门向所以纳气，如门外有水放光，较路尤重，衰旺凭水，权衡在星之理，盖也无稍异也。

导解：受气之元运，对阴宅是指下葬当年的元运，而阳宅定运则有以下三种不同的方法：1. 以楼宇落成时的元运；2. 以搬迁入伙时的元运；3. 以装修完毕时的元运。元运是依“天开于子、地辟于丑”来划分的，在以此确定元运排出宅命盘后，再根据“宅局旺衰星盘定，客星加临吉凶生”的原理，先以原局飞星结合形法布置作总体的旺衰分析，再把流年飞星加临于原局飞星来综合论断吉凶。

例七运之卯山酉向宅，门开兑方。

卯 ├─

6 1 六	1 5 二	8 3 四
7 2 五	5 9 七	3 7 九
2 6 一	9 4 三	4 8 八

→ 酉　门

六	二	四
五	七	九
一	三	八

流年七赤入中

按宅命盘看，是当令向星七赤飞临门口，在七运时应以纳旺气为吉论。但在 2002 年，流年七赤入中使九紫飞到门口，却会有突发性的血光凶灾。

易曰：“吉凶悔吝在乎动”，风水之法即察风看水，从其效力来论，放光之水比通风之路尤大。阴阳宅在原则上都着重向水，但因阳宅向水不易求及气是由门而入的，故才重视门向，千斤门楼四两屋即此意也。

户外放光之水和作虚水论的路，对宅之吉凶影响甚大，故要以其所在宫位结合该宫飞星参断。对临水路之宅，还需参考其他挨星法。

三、屋向门向

原文：凡新造之宅，屋向和门向并重，先从屋向断外六事之得失，倘不验再从门向断之。若屋向既验，不必复参门向。反之，验在门向，亦不可不问屋向也。

导解：农村之住宅，因所造局势相异而有屋向和门向的取舍。所以，在勘宅时要屋向和门向兼看。

外六事在《宅法举偶》中指：“路巷、井池、桥梁、亭台、殿塔、邻屋”，因屋向为首要，门向为次要。故看宅先从屋向所排得的宅命盘来结合外六事推断已发生的吉凶事项，不验则再以门向断之。若当屋向的宅命盘印证下来是准确的，便可舍弃复参门向了。但若以门向所排得的宅命盘来推断宅运是准验的，仍必须参看屋向。

城镇之公寓，屋向和门向有很多是不同方向的。它的看法与上面所述正好相反，应先从门向断内六事之得失，内六事在《宅法举偶》中是指：“门、厅、厕、灶、床、碓磨”。现代公寓的厕所都很清洁，可与水池、饮水机、鱼缸同作水论，而碓磨以需用电力推动的电视机、音响、空调等来代之。若门向既验，不必复参屋向。反之，验在屋向，亦不可不参门向。

这种凭星断事的取舍法，易被户主怀疑其操作水准，事实对有经验的风

水师来讲，完全可以根据宅型作出正确的取用。

四、堂局环境

原文：凡看阳宅，先看山川形势气脉之是否合局？继看路气与周围之外六事及邻家屋脊、牌坊、旗杆、坟墩、古树等或落何星宫？辨衰旺以断吉凶。

导解：山居之宅首重山龙来脉交会，平洋之宅当重水龙屈曲交汇，此处都为灵气所钟之地，故需先看山川河流之气脉对阳宅所在区域是否合局。而宅之周边的小局只适用于以地气为主的平屋楼房，对高层的影响已有所减少。

再看此宅周围之邻屋、马路、池塘、尖塔、桥梁、庙宇等形局及有无屋脊、反弓、烟囱、坟墓、招牌、旗杆、枯树等恶物，视外局之形所落宫位，配合该宫的山向飞星来推断所应事项。对形煞特别明显者，可以其所处宫位的卦意直断所应凶象。

五、大门旁开

原文：凡阳宅以大门向首所纳之气断吉凶。大门旁开者，则用大门向与正屋向，合二盘观之。外吉内凶难除瑕疵，外凶内吉仅许小康。

导解：阳宅大门是人出入之处，也是外界先天气的进入口，它是全宅受气之位，故而其所纳之气的好坏能决定全宅之吉凶。

临路而建的阳宅，由于设计规划要求或为了便捷出入等因素，会有大门旁开的现象，这样就会与主屋的方向不一致。

大门是纳先天外气，主屋是受天光内气，因此必须把大门和主屋所挨得的二个宅命盘合参。若外吉内凶当难除瑕疵，外凶内吉则仅许小康。

六、屋大门小

原文：凡屋与门须大小相称，若屋大门小，主不吉。然屋向、门向皆旺，屋大门小亦无妨。

导解：阳宅之屋与门必须大小相称，方为吉。若屋大门小则纳气不足使气稀，屋小门大又纳气不驻使气荡，这种比例不称的格局均主不吉。若屋向与门向皆纳生旺之气无妨，但对发福的效力会受到限制。

从内格局而言，受气点所在的第一空间与进门的比例关系也符合此理。

看风水贵在对形之远近、高低、大小的把握；对气之消长、厚疏、动静的权衡；对法之取舍、主次、普遍与特殊的领会。

七、乘旺开门

原文：凡旧屋欲开旺门，须从旧屋起造时某运之飞星推算。如一白运立壬山丙向，旺星到坐，原非吉屋，到三碧运在甲方开门方能吸收旺气。缘起造时，向上飞星三碧到震，交三运乘时得令，非为地盘之震三也。若开卯门，亦须兼甲，以通山向同元之气也。

导解：宅命盘一旦确定就永远不会变化，除非改换天心或变易立向。故而，凡是旧屋欲开门或设窗以求旺气，必须从此屋原先确定的元运所挨得的宅命盘来推算。

早时的阳宅多为方正形宅体，门居中而开。例一运之壬山丙向为双星到坐，大门纳九紫退气不吉，震方向星为三碧，至三运时，本为进气的三碧变成了当令旺星。又震方于大卦来讲为正神，于六法而言是水片，故在震方开门亦属纳旺气。

丙

7 4 九	2 9 五	9 2 七
8 3 八	6 5 一	4 7 三
3 8 四	1 1 六	5 6 二

壬

震方有甲卯乙三山，为何独指要开甲方之门呢？

这是以三元龙来区分的，其排列如下。

天元龙：阳为乾坤艮巽 阴为子午卯酉

地元龙：阳为甲庚丙壬 阴为辰戌丑未

人元龙：阳为寅申巳亥 阴为乙辛丁癸

由此可知，壬山开甲门是求同元一气，这会使效应更大。

若门开在卯方，亦要兼着甲方，使一门纳得卯甲二山，这样仍能通山向同元之气。

八、新开旺门

原文：凡旧屋新开旺门后，其断法可竟用门向，不用屋向也。打灶、作房，亦从门向上定方位。王则先按：此指旺门大开，原有大门堵塞或紧闭者而言。须辨方向之阴阳、顺逆，与乘时立向无异，若开便门以通旺气，则取同元一气。仍照起造立极之屋向断之可也！

导解：凡旧宅所开之门已由旺变衰，则宜堵塞旧门用改换天心之法来新开大门，再以此门的坐向来挨得宅命盘，重要的是，其门必须设于星盘中向星的生旺方。

改换天心是扭转宅运的改良之法，从前多是屋顶铺瓦的平房，只需把其中心处的瓦揭去，使阳光照入后再重新铺上即可。现代的楼房则为钢筋水泥筑成的天花板，不可能掀去使阳光直照，若因此而否定不可改换天心，那是错误的。可笑的是，竟有人提出通过镜子把阳光反射入室内，或把家中的灯长明不灭地点亮 49 天，或把楼板的中宫位打穿后才可改换天心。

例四运之艮山坤向，四绿旺星到门口为吉，但到五运时，门所纳之气已由旺变衰，则可用改换天心之法去封闭坤门开离门，因五运之艮山坤向宅命盘为六白生气到离方。

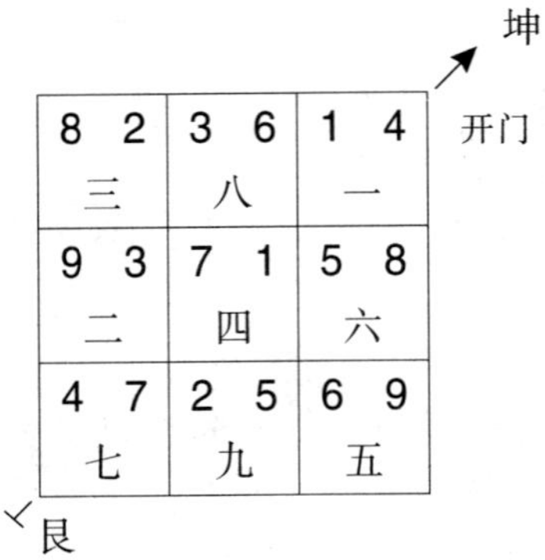

坤门在四运为旺星，至五运由旺变衰。

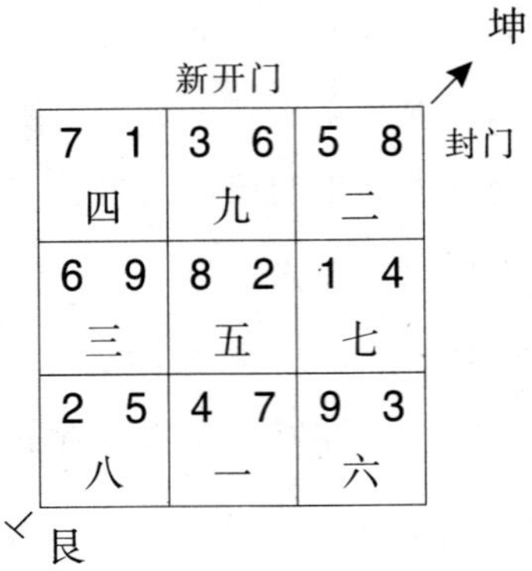

五运生气门到离方，故新开离门以纳旺气。

视具体情况也可紧闭旧门，按原宅命盘中的生旺方另开同元一气的便门以通旺气。因只是关闭旧门，则仍以原宅命盘为准，故可在屋侧开同元一气的便门就可引通旺气。

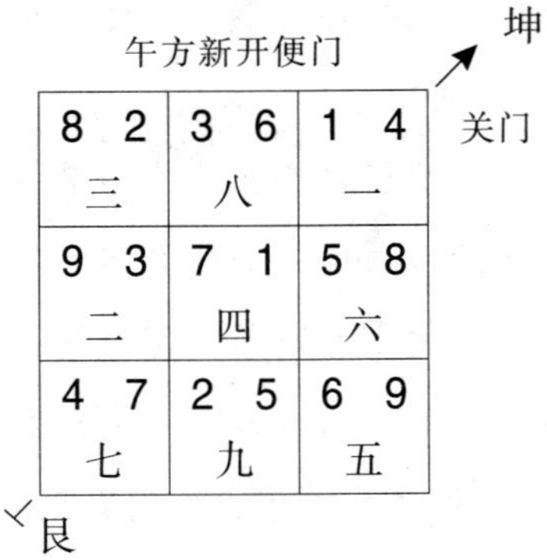

坤门在四运为旺星，至五运由旺变衰。若只在午方新开便门，则能通六白生气。

上例四运之艮山坤向，原先的坤门仅为关闭，在原宅命盘的离宫开同元一气之午门就可通旺气。

九、旺门蔽塞

原文：凡所开旺门，前面有屋蔽塞不能直达，从旁再开一低小便门，以通旺门，则小门只作路气论，不必下盘。

导解：门虽位于向星的生旺方，但若前面有高屋阻塞，则不利旺气的吸纳，可从边上再开一低小之便门把路气引至旺门即可，此二门能生合则更佳。此便门只作通气论，不用定向再另排宅命盘。

十、旺门地高

原文：旺门门外有水，本主大吉。但门基反高于屋基者，虽有旺水不能吸收，门基高于门内之明堂者亦然。若门外路高当别论也。

导解：门纳生旺之气且其外又见真水是很吉利的，但若比之于天井或厅堂的门槛过高，则会阻碍旺气的吸纳而使吉效减低。

路作虚水论，其高过门则成逆水朝堂之势，若能使其不急、不泻、不漏，则以吉论。

十一、黑同

原文：凡宅内有黑同不见日光者，作阴气论。二黑或五黄加临，主其家见鬼，即不逢此二星，亦属不吉。

导解：黑同指很少得到阳光照射的深巷胡同，其阴暗潮湿的环境很易发生霉臭滋生细菌。现代公寓的低层，因户外树密或楼高而使其室内阴暗也属同论。在逢飞星二黑或五黄加临时，则易见鬼怪或碰到怪异之事。

人所居之处宜明亮、洁净，这种阴气太盛的地方，即使不逢二黑和五黄，亦是以凶论。

十二、造灶

原文：不论宅之生旺衰死方，均可打灶。但生旺方可避则避，灶以火门

为重。灶神坐朝可弗问焉。火门向一白为水火既济；向三碧、四绿为木生火，均为吉灶。火门向八白，火生土，为中吉。向九紫亦作次吉论，但究嫌火太炽盛耳。六白、七赤火门不宜向，因火克金也。二黑、五黄更不宜向，因二为病符，五主瘟毒也。然火门所朝之向，乃造屋时向上飞星所到之活方位，非指地盘九星言也。如一白运所造之屋，至八、九运打灶仍须用一白运之向上飞星是也。惟飞星之九紫方，切忌打灶，火气太盛，恐遭火患，此造灶方位之概略也。

导解：以前的灶是以烧木料、煤炭为主，灶门则是这些燃料的送入口和进风口，故作为纳气口而重视。其向吉则纳吉气，向衰则纳衰气。但现代炉灶多以煤气或电力（如电饭煲、微波炉）为主，故勿论纳气。又因当时的灶构造面积大且多置于受气处，作为动象位一定要论及。但如今的灶都间隔在厨房内，已无多大的吉凶影响。故而在引申古法时，要随时代而通变，倘若还以古代的论灶学理来看现代的灶具，则为食古不化！

更有甚者，现代版的有些风水书却大谈灶不能近水、不能受压、不能被门冲、不能在西边、不能坐生向煞等，犯之主有口舌、疾病之类的凶事。试问："哪位明师的书上有这样写过？"自古以来，灶都紧挨水缸，灶头有汤锅且上面悬挂着放锅具的架子。现代的灶之上方都装有抽排油烟机，单身公寓更是在灶的下面装有洗衣滚筒和对面设有全透明浴厕间，这些犯了所谓大忌的灶，也不见有凶应发生。

十三、粪窖牛池

原文：秽浊不宜向迩，五黄加临则主瘟毒，二黑飞到亦罹疾病，以较远之退气方为宜。

导解：向为对着，迩为近处。若大门对着或阳宅近处见茅厕粪池等污秽之所当以凶论。在流年飞星五黄加临则主瘟疫、毒疮，二黑飞到亦主患疾病，但若污秽是在较远之处，则凶气减退不为凶。

这种恶煞除玄空飞星外，也可用八卦方位等学派来看。风水各派能存在必有其合理性，惟各派之适用范围和比重有别也。

对现代公寓中的卫生间而言，只要其能通外气且保持清洁，若在宅命盘中的向星生旺方则为吉论，不必理会“青龙怕臭、污秽冲床、居十字线”之类的庸识。

十四、隔运添造

原文：凡屋同运起造，固以正屋为主。如后运添造前后进或侧屋，而不另开大门者，亦仍作初运论，不作两运排也。若添造之屋另开一门，独自出入，方作两运排。倘因后运添造而更改大门，则全宅概作后运论可也。

导解：主屋在同运中有添造从其内出入的侧屋，则仍以此运的主屋来论。例一运时建的主屋，于同运时在其边加建侧屋，不论从主屋还是侧屋出入都是以一运屋来看的。

一运时建的主屋，于三运时在其边加建侧屋，仍以一运主屋的门进出，而不另开大门，则还是以一运时建的主屋来看。

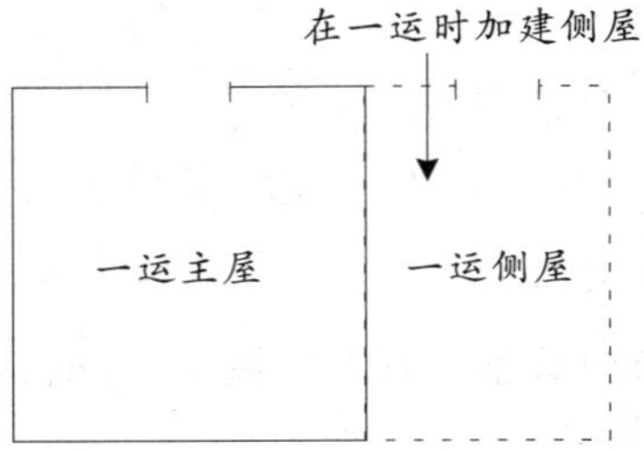

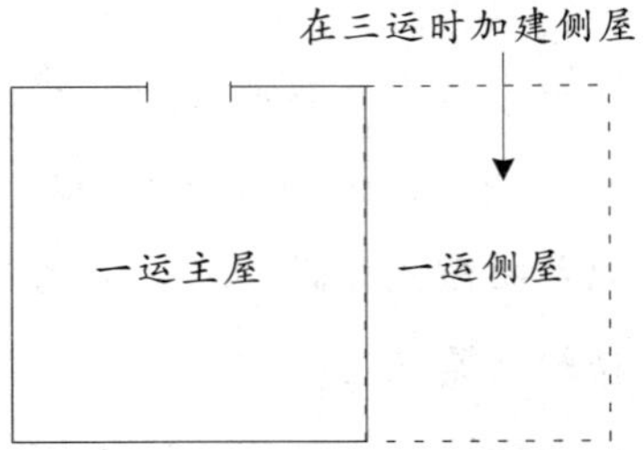

一运时建的主屋，于三运时在其边加建侧屋，若侧屋是另设一门独自出入的话，便属于三运屋了。

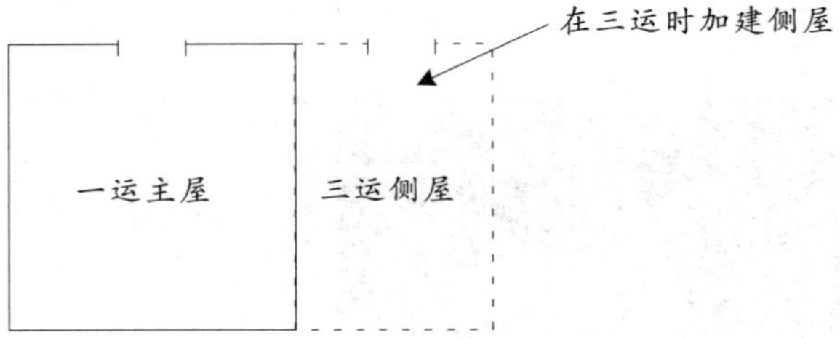

一运时建的主屋，于三运时在其边加建侧屋，同时把主屋的旧门封闭，改由侧屋新开之门出入，则整所房屋便成为三运屋了。

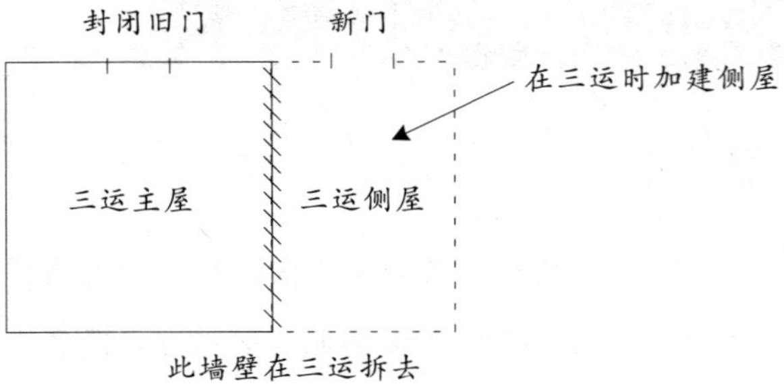

还有在一运同时建的主屋和侧屋，于三运时在侧屋进行全面装修，但仍从原一运主屋的门出入，则在三运装修的侧屋还是以一运论。

十五、分房换星

原文：凡某运起造之宅，至下运分作两房者，仍以起造时之宅运星图为主，而以两边私门为用。盖星运定于起造，不因分房而变动，分房以后，各以所处局部之星气推断吉凶可也。同运分房者类推。

导解：某运起造之屋，原为一家人居住。至下运时，若父母与子女分房而居，仍以起造时的宅命盘为准，配合各自私门进行论断。可知人所居住的空间虽然发生变化，但却不会使屋运也随之转变。

分房以后，则以各自所处的局部空间为主来推断吉凶。同运分房和合伙租房也以此类推。

十六、数家同居

原文：一宅之中数家或数十家同居，断法以各家私门作主，诸家往来之路为用，看其路之远近衰旺，即知其气之亲疏、得失也。

导解：一宅之中有数家同居的多为台门院落，有数十家同居的多为公寓楼房。在立向和断事上多是以各房私门为主，兼以参看总出入之大门、内中往来之路，视其距离的远近和星气的旺衰，就可推断出各家之吉凶。

现代高层因结构上的复杂性，故除以门立向外，还有以局、以阳、以形、以气、以意共六种定向法，且各法之间因布局之异可以相互转化。在断事和应用上也有别于院落和公寓的看法。

十七、分 宅

原文：一宅划作内室，另立私门者，从私门算。但全宅通达毗连，仍作一家排，不从两宅断也。

导解：在一宅内用砖墙完全隔成二间，且所隔之间又另立私门出入，则被隔之间当以新开私门来论吉凶。

若全宅内部有通道相连，被隔之间所立私门只能以另开旁门来论，而不能以两宅断之。这种隔气会使宅内的气场发生质的改变，它与引气都属于移宫换宿之法。

十八、逢囚不囚

原文：向星入中之运，如二、四、六、八进之屋，逢囚不囚者，何也？因中宫必有明堂气空，可作水论。向星入水，故囚不住。若一、三、五、七进之屋。中宫为屋，入中便囚，但向上有水放光者，亦囚不住。

导解：向星入中宫之运即为向星入囚，中宫若有天光照临的明堂，则囚不住。若中宫为屋宇方以入囚论，但在向首方有水放光或向星五黄方有通气，则亦囚不住。

例七运之子山午向宅，至二运时为向星入囚，若在向星五黄所到处的艮方开窗通气，则不作入囚论。

子

4　1 六	8　6 二	6　8 四
5　9 五	3　2 七	1　4 九
9　5 一	7　7 三	2　3 八

开窗通气　　午

十九、店 屋

原文：凡看店屋，以门向为君，次格柜，又次格财神堂。俱要配合生旺，若门吉柜凶或财神堂凶，吉中有疵，主伙友不和或多阻隔。其衰旺之气皆以门向吸受。

导解：看店铺的风水是：1. 门要纳生旺气；2. 收银柜要摆在吉位；3. 神位宜设在吉方。只有把这三部分都配合好，才能发财盈利。若线向逢空、布局错乱，则主员工怠力、伙友不合、经营不利。

其实看店铺更要注重外在的形之形象与形体和水之来去与流势所产生的影响。风水之法贵在融会贯通，只有把握好形法与理气的体用关系，方能用之准验。

特殊行业在运用风水时还应适理而用、随之而变，对杀生业重的餐饮和能调整催旺的凶宅，更应奉劝客户做好善举之为。

二十、吉凶方高

原文：宅之吉方高耸，年月飞星来生助愈吉，来克泄则凶。若凶方高耸，年月飞星来克泄反吉，来生助则凶。此指山上龙神之方位也。

导解：山上龙神之方是指山星，就是说在山星生旺方有高耸之物是为吉，逢年月紫白飞星来生助则愈加吉利，逢年月紫白飞星来克泄则为凶。

在山星衰处有高耸之物是为凶，但逢年月紫白飞星来克泄则反吉，逢年月紫白飞星来生助则为祸。此为流年飞星结合原局宅命盘来推断山星之吉凶的方法。

下面列出九星的生助克泄表：

客星 生克 / 主星	生	助	克	泄
一白水(1)	6、7	1	9、2、5、8	3、4
二黑土(2)	9	2、5、8	1、3、4	6、7
三碧木(3)	1	3、4	2、5、8、6、7	9
四绿木(4)	1	3、4	2、5、8、6、7	9
五黄土(5)	9	2、5、8	1、3、4	6、7
六白金(6)	2、5、8	6、7	3、4、9	1
七赤金(7)	2、5、8	6、7	3、4、9	1
八白土(8)	9	2、5、8	1、3、4	6、7
九紫火(9)	3、4	9	1、6、7	2、5、8

以上对向星也同论。其实对当令旺星而言，不论生克都以吉断。只有在原局中的山向飞星与流年飞星或与所居宫位、所置物品成特殊组合时才论生克的。

廿一、竹木遮蔽

原文：阳宅旺方有树木遮蔽，主不吉。竹遮则无碍，然亦须疏朗，因竹通气故也。衰死方竹木皆不宜。

导解：浓密之树在风水上是作山看的，在向星旺方有树遮蔽会不利生气的引入而致不吉。风水之道贵于灵活运用，但若是细长之竹，因其疏朗仍能通气则无碍。同理，在阳宅的衰方种竹会通衰气是为不宜。

竹除能通气外，还有遮形之功。位于阳宅旺方但形上带煞的，可用竹来遮恶形通旺气。对现代家居，用稀疏之盆景或镂空之窗纱也能起到同等效果。

廿二、一白衰方

原文：阳宅衰气之一白方，有邻家屋脊冲射者，主服盐卤死，兽头更甚。

导解：此一白方可指一白所在的山星或向星方，亦可指坎宫。一白为坎卦，可表很多的意象，如何把握关键全凭权衡其形与气之间的星象关系。风水之要贵能举一反三，这里虽仅举了一白，但其余八星也是以此类推的。

欲求好风水固然须要有好的周边环境，但有好的环境不一定就是好风水。之所以有别，其因乃在于气也。所谓的风水宝地，只是反映在空间上的环境优选，并不具有时间上的永恒优选。诚如马泰青所云：“形势所主者，生人之权；理气所主者，兴废之权。”也就是说：“一个地方的形之美恶能主宰人的品貌，而气之消长则主宰人事的盛衰。”

廿三、财丁秀

原文：财气当从宅之向水或旁水，看旺在何方，加太岁断之。功名当从向上飞星之一白、四绿两方，看峰峦或三叉交会、流神屈曲处，加太岁、合

年命断之。丁气当从宅之坐下及当运之山星断之，其验乃神。

导解：看发财若以阳宅周边或室内是否有真水在向星生旺处来论的话是片面的。因为向星生旺方在特定组合时见水反以凶论，衰死处合特殊格局时见水更以吉论。

论功名是以向星一白、四绿方，有无峰峦或流神交汇来看。其实另七颗飞星只要符合收山出煞也是可应功名的。更为是，若能配合些子天机，则效会更吉。

这个太岁，并非仅指十二生肖的地盘太岁，也指每年把太岁干支入中宫飞遁所到之方与人之本命真贵人禄马等吉神同到的宫位。下面列出主命吉神干支表：

	甲	乙	丙	丁	戊	己	庚	辛	壬	癸
命禄	丙寅	己卯	癸巳	丙午	丁巳	庚午	甲申	丁酉	辛亥	甲子
阳贵	辛未	甲申	丁酉	辛亥	乙丑	丙子	己丑	庚寅	癸卯	丁巳
阴贵	丁丑	戊子	己亥	己酉	己未	壬申	癸未	甲午	乙巳	乙卯
A	壬申	丁亥	丙申	辛亥	庚申	乙亥	甲申	己亥	戊申	癸亥
B	丙寅	辛巳	庚寅	乙巳	甲寅	己巳	戊寅	癸巳	壬寅	丁巳
文昌	己巳	壬午	丙申	己酉	庚申	癸酉	丁亥	庚子	壬寅	乙卯
天官	癸酉	甲申	庚子	辛亥	乙卯	丙寅	壬午	癸巳	丁未 癸丑	丙辰 壬戌

注：上表中的“A”代表“寅午戌巳酉丑驿马”。

上表中的“B”代表“申子辰亥卯未驿马”。

视人丁当以阳宅周边之山体要合乎生旺之山星所在的宫位，性别则以出生当年的飞星太岁所临宫位为准。下面列出 1984~2043 年的飞星太岁临方表：

流年	七运	流年	八运	流年	九运
甲子	艮	甲申	坤	甲辰	乾
乙丑	兑	乙酉	艮	乙巳	兑
丙寅	艮	丙戌	艮	丙午	巽
丁卯	巽	丁亥	离	丁未	兑
戊辰	乾	戊子	中	戊申	艮
己巳	兑	己丑	巽	己酉	中
庚午	巽	庚寅	中	庚戌	中
辛未	兑	辛卯	坎	辛亥	乾
壬申	艮	壬辰	震	壬子	坤
癸酉	中	癸巳	巽	癸丑	坎
甲戌	中	甲午	坎	甲寅	坤
乙亥	乾	乙未	巽	乙卯	兑
丙子	坤	丙申	中	丙辰	离
丁丑	坎	丁酉	坤	丁巳	坎
戊寅	坤	戊戌	坤	戊午	兑
己卯	兑	己亥	震	己未	坎
庚辰	离	庚子	艮	庚申	坤
辛巳	坎	辛丑	兑	辛酉	艮
壬午	兑	壬寅	艮	壬戌	艮
癸未	坎	癸卯	巽	癸亥	离

要达到准验的断事，还必须结合人的命卦、用神、生肖及能强化力量的太岁、合十、三般卦等来综合参之。此命卦的排法与坊间所传是一样的，但应用方法却完全不同。

廿四、流年衰死重临与旺星到向

原文：阳宅衰死到向是某字，逢流年飞星到向又为某字，主伤丁。旺星不到向，逢流年旺星到向，亦转主发祸。阴宅同断。

导解：阳宅若到向是某衰死之飞星，逢流年飞星到向又是该飞星时谓伏吟，主伤丁破财。其实不独向方，还有动象处和用事位都以此同看。亦不独伏吟，只要流年飞星能使原局的凶性加大都可同论。

例七运之子山午向，门开离方。

午

4　1 六	8　6 二	6　8 四
5　9 五	3　2 七	1　4 九
9　5 一	7　7 三	2　3 八

子

一	六	八
九	二	四
五	七	三

流年二黑入中

此宅门开离方纳六白退气星，在1998年是流年二黑入中，使六白飞到向方与原局向星犯伏吟。

流年飞星只有在特定的情况下才论旺衰，一般都是以其与原局山向飞星的组合来论吉凶。当向方为凶时，即使流年飞星是旺星到也以凶断。

廿五、鬼　怪

原文：衰死方，屋外有高山、屋脊，屋内不见，名为“暗探”。屋运衰时，阴卦主出鬼，阳卦主出怪，阴阳并见主神煞。必须太岁、月、日、时加

临乃应。初现时，有影无形，久而弥显，甚或颠倒物件，捉弄生人。枯树冲射，屋运衰时，阴卦亦主鬼，阳卦主神，阴阳互见主妖怪。

导解：阳卦及阳星：乾（六白星）、震（三碧星）、坎（一白星）、艮（八白星）。

阴卦及阴星：坤（二黑星）、巽（四绿星）、离（九紫星）、兑（七赤星）。

阳宅之衰死方，若见暗探、枯树，则易出鬼怪之事。开始征兆是有影无形，时间长了就会有颠倒物件，甚至附体来捉弄生人。

对此，宜用下列方法制化：

1. 信仰正统宗教、念经持咒，心存正气、积德行善，自有神佛庇护。

般若波罗蜜多心经

观自在菩萨　行深般若波罗蜜多时　照见五蕴皆空　渡一切苦厄　舍利子　色不异空　空不异空　色即是空　空即是色　受想行识　亦复如是　舍利子　是诸法空相　不生不灭　不垢不净　不增不减　是故空中无色　无受想行识　无眼耳鼻舌身意　无色声香味触法　无眼界　乃至无意识界　无无明　亦无无明尽　乃至无老死　亦无老死尽　无苦集灭道　无智亦无得　以无所得故　菩提萨埵　依般若波罗蜜多故　心无挂碍　无挂碍故　无有恐怖　远离颠倒梦想　究竟涅槃　三世诸佛　依般若波罗蜜多故　得阿耨多罗三藐三菩提　故知般若波罗蜜多　是大神咒　是大明咒　是无上咒　是无等等咒　能除一切苦　真实不虚　故说般若波罗蜜多咒　即说咒曰　揭谛揭谛　波罗揭谛　波罗僧揭谛　菩提萨婆诃

摩诃般若波罗蜜多

观世音菩萨六字大明咒：

嗡 嘛 呢 吧 咩 吽

2. 屋内保持整洁明亮，不要摆设奇形怪状之物品、动物尸骨之饰品、虚影成像之镜子和供奉没开过光之神像。

3. 把门窗开在吉方以引旺气，使“一贵当权，众凶慑服”。因室有旺气，百邪不侵。

4. 宁可屋小人多，不可屋大人少。屋大人少者，可多邀请朋友聚会，人气旺盛则阴气可消。

5. 加强运动，保持身强体健，并多到户外吸收阳光正气。

廿六、路气

原文：路为进气之由来，衰旺随之吸引。离宅远者应微，然亦忌冲射，名为“穿砂”，有凶无吉，二宅皆然。贴宅近路与宅中内路，尤关吉凶，故内路宜取向上飞星之生旺方，合三般者吉，而外路亦须论一曲之首尾，察三湾之两头，看其方位落何星卦？湾曲处作来气，横直者作止气，其法系从门向上所见者排也。《天元五歌》云：“酸浆入酪不堪斟”，即言屋吉路凶之咎也。

导解：路乃引气入户之机，对宅之吉凶克应具决定性的影响，然也需视路之远近、大小、长短、宽窄、高低等因素，方能作出准确的论断。

对宅而言，路有内外之分。内路宜取向星生旺方且合三般者为吉，外路须论其来去之势和所落宫位之气合参。

门前之路，弯曲直朝者作来气，横路直过者作止气。后者本无关祸福，若有拦则吉凶生。

廿七、井

原文：井为有源之水，光气凝聚而上腾，在水里龙神之生旺方，作文笔论。落衰死克煞方，主凶祸。阴宅亦然。

导解：水主财、主智，亦主血、主淫、主口舌。水井是取地下真水为源，水气上升如文笔。若在水里龙神之生旺方，主既利学业、名声，还主旺财。若是在水里龙神之衰死方或山里龙神之生旺方，则主血光凶灾、桃花破家、官非口舌。

廿八、塔

原文：塔呈挺秀之形，名曰："文笔"。在飞星之一四，一六方，当运主科名，失运亦主文秀。若在飞星之七九，二五方，主兴灾作祸，克煞同断，阴宅亦然。

导解：凡挺秀耸立之塔或状如塔形之物，皆可作文笔峰来论。其在飞星之一四、一六的当运处，则主科名之显，由于其形体之五行与飞星之五行成相生比和，因此在失运时仍能利学业。

若在飞星之七九、二五凶星处，主有凶应。现今的高压塔、发射塔等对磁场有很大的干扰因素，则更主发生灾祸。

廿九、桥

原文：在生旺方能受荫，落衰死方则招殃，石桥力大，木桥力轻，二宅同断。

导解：正对宅之平桥同路冲论，宜在向星生旺方。若是高出地面的拱凸型大桥则以峤星论，宜在山星生旺方。

现代都市多为高架桥、行人天桥，若桥形端庄有情，在阳宅之前可当朝案，在阳宅之后可作乐山。若是稍低于阳宅又就近可看到车、人流动的话，当以虚水论。

三十、田 角

原文：取兜抱有情，忌反背尖射，二宅皆然。

导解：不只是田角而言，凡围墙、流水、马路等都宜环抱有情，不宜有反背、尖射、天斩、穿心、割脚、反光等形煞，下面就来简要说明这些形煞。

镰刀煞，指河流、道路、天桥像一把镰刀那样割向住宅，也称反弓。

尖角煞，指尖锐形状的物体，如尖形墙角、亭子角檐。

天斩煞，指二幢高楼大厦之间靠得很近，看去有如被刀剖为两份，这个间隙就称为天斩煞。

穿心煞，指笔直的马路，有如枪对着住宅一样，也称枪煞。但若是冲起乐宫的话，则作无价宝吉论。易有阴阳之分，同样的形因受到不同的气之影响而有吉凶之别。故而，死执一理乃是学风水之大忌。

按：《阳宅三十则》的作者是陈念劬，生卒不详，还著有《玄空辑要》，经其友王则先收录于《沈氏玄空学》中。此文言简意赅，阐发幽旨，实为阳宅在操作应用时的经典之作。我现结合当今实际作补充注释，读者若能潜心领会、详熟于心，必能在临场时得心应手。

第二节　《阳宅指南》摘录

世人不识重阳基，若论阳基效最奇；
发福生财操在手，育子升官贵及时。
此是玄空真骨髓，先贤惜宝未曾题；
若非世德应天眷，孰肯轻谈泄化机。
第一要诀看宅命，动处乘空实处静；
空边引气实边收，命从来处天然定。
第二要诀看宅体，端圆方正斯为美；
前后修长蓄气专，若然匾阔分途轨。
第三要诀看生向，坎离震兑针尖上；
得乘正卦合天心，若交亲乱生魔障。
第四要诀辅弼星，他宫左右审虚盈；
辅若虚时地之煞，弼虚两卦受灾惊。
一重辅弼一重福，若是重重福不轻；
有人识得辅弼诀，选宅安身事事宁。

第五开门引路诀，正卦装门莫偏泄；
入门之卦空元神，元神衰旺此中别。
一门正卦气无偏，前后门通两路接；
若有旁门破卦身，纵然旺气非清洁。
既辨门时更辨路，内路外路须兼顾；
路在生方致百福，煞方引路多灾祸。
宅中天井多宽旷，宅外回风不可当；
时煞难明更凶猛，只言合元免灾殃。
添房动作察秋毫，不在年神在卦爻；
吉凶偶然惊煞位，伤丁破产不相饶。
层层进进说高低，莫谈福德与天医；
只要高低匀且称，偏破昂陷不相宜。
桥梁衢市最喧闹，若在生方反不嫌；
能知避煞迎生法，转咎为祥反掌间。
一空三闭是豪家。三空一闭乱如麻；
若通闭里求空法，立地珍珠满鹿车。
此时单言排宅法，不是水神分气诀；
若逢临水又不同，宅气还凭水气接。
宅神宽大可吞波，收拾水神无漏泄。

我为指出双龙格，一宅之中分顺逆；
其中趋避有玄机，八卦看来理如一。
巽水迢迢六白龙，后湖九紫气还钟；
前宅中元卿相贵，下元后宅广财丰。
双兑交流入巽宫，碧方真气室居东；
百二十年朱紫贵，祖孙爷子受皇封。
坎离之水二龙交，立宅中间甲第高；

论转三元无替谢，儿孙世世产英豪。
二水交流是巽乾，两枝花蕊一时鲜；
运到满门朱紫贵，衰时片瓦不招椽。
二水离方入坎宫，尽头一宅夹其中；
双龙气派来相会，此宅三元贵不穷。
二水同流坎上来，傍南作宅是离胎；
下元一发如雷疾，兄弟双双近鼎台。
我为指出兼龙穴，八卦正偶同一诀；
此中秘密有玄机，千里毫厘细分别。
离宫丙水字兼巳，行到中元贵无比；
下元衰气四十秋，官禄无闻宅半毁。
离宫丁水字兼未，行到中元期富贵；
此宅三元永不衰，微微左右分宫位。
四水归朝会四龙，居中作宅是仙宫；
不分元运时时发，瓜瓞绵绵奕叶重。
一宅之内循环转，寄语时师须检点；
若然地是四偶形，坎离震兑格更精。
下元流水在西南，屋近坤方艮气酣；
上元旺相在东北，屋近艮水二黑足。
中元乾巽与中宫，三位之中瑞气浓。

朝南之宅正门开，此是离宫紫气来；
宅深七赤下元旺，匾浅中门未足胎。
离门中道路重重，直引离风至寝宫；
此宅下元多旺气，更无瑕玷损春容。
正门离上路偏东，转入深闺巽气浓；
下元家道虽然旺，闺内须防灾病重。

离门两路夹东西，并引离风雨不倚；
只要宅深收气足，下元此宅发无疑。
屋向西南宅艮坤，门开左畔不离神；
只要宅方真紫气，若然深长作坤论。
屋向东南宅乾巽，开门右畔紫气宜；
亦取宅方兴七运，如逢深远绿宫全。
前门坤位后门坎，两气俱从一路转；
上中鼎盛不须言，行到下元行一半。
正门离九便门三，此宅元元失主垣；
只有分房亲切处，一枝花发一枝寒。
前门离位后门艮，两气俱从七赤进；
下元无数锦添花，行到上元君莫问。
一宅修长正向南，两门前后对相穿；
只看内房何处住，三元旺衰有多般。
房居前面兴中上，后面为房列下元；
此是移宫变气法，逐年移住始安然。
东北分明门在艮，如何下元终不应；
只缘此宅东西阔，门变甲方常守困。
四隅之宅艮坤长，前后通门两口张；
亦取内房分旺替，移宫换气不寻常。
下元端的居坤位，中上深闺在艮方。

七赤元中门在坤，如何此宅少灾迍？
只因间架东西阔，兑气绵长仇变恩。
朝南之宅兑门行，如何下元终不明？
只为内房多在后，门兼坤气不分明。
一样兑门宅正方，如何此宅比彼强？

只为面西房在震，兑气清切少参商。
兑宅之门南北长，漫说朝西七赤强；
必定内房偏左右，乾坤夹带气两分。
一宅朝南门正西，下元于此灵清奇；
只因宅相东西阔，内屋迢迢兑气齐。
共宅同门地势偏，一林花木各时鲜；
只缘门路宫宫变，细把青囊理数研。
中架居中离气正，下元方得喜更宜；
东左变坤一白发，西方变巽发中元。
阳基形势贵量裁，仆妻儿孙各有房；
一步一星随地变，门窗冲路要推详。
天光落处看风色，此事精微莫显扬；
一宅之中灾福异，管生管死在微茫。
入宅依此论衰旺，此诀分房是的传。

第三节 《阳宅天元赋》摘录

天元垂象，九霄开梵气之中；
大地炳灵，九野兆坤维之纪。
龙马以河图启瑞，神龟以洛书效珍。
剖混沌之先机，昭乾坤之大法。
自然妙化，至人因之。
建都邑以御万邦，授宝庐以绥兆姓。
明堂九室见于月令之文，方井八家考之彻田之制。

粤稽黄帝始创宫室，我祖文公爰营洛邑。

当时著为宪令，后世遵为遗规。
生民日用而不知，圣人先知而不议。
秦火之后，典籍荡然。
千圣不传之心，一线寄诸哲士。
黄石授之圯上，乃出青囊。
萧相功成未央，大开北阙。
逮于管郭，微言莫稽。
比及杨曾，正术始显。
嗣后伪书杂出，异轨争驰。
家造灭蛮之经，人排掌中之卦。
词能害志，伪且乱真。
固世道之衰微，抑亦天机之隐秘。
不得无极之诀，岂知目讲之传。
万世洪荒，一朝剖破。

坐山定宅，宅既不真。
东西分宫，宫亦全谬。
五鬼六煞，岂皆绝命之方。
生气天医，不尽延年之路。
贪狼巨门高耸，未是吉星。
廉贞破军昂头，讵真凶曜。
欲执游年诀法，断无取验机关。

要明八宅之真，先识九宫之数。
年分甲子，运转三元。
上元一白为君，坤震为辅。
中元四绿居首，五六相承。

七赤下元当令，艮离襄旺。

春荣秋落，莫寻出运之龙。
阳往阴来，须遇本宫之水。
正偏曲直，惟贵格清。
广狭浅深，只求位的。
形局之模糊犹可，方隅之杂乱难言。
旷野平原，端取流神结体。
关厢村镇，多将衢路分踪。
城隅依城为凭，山谷旁山立局。
高楼峻宇，峤星借插于邻家。
堰堤桥梁，动气交冲乎辙迹。
墙篱皆能障蔽，竹木亦可拦当。

水为引气之神，察其来，又看兜抱。
风多动气之力，性主散，须用遮拦。
嘘吸须辨阴阳，化机总归一局。
风之所送，即是水之所交。
阳之所嘘，亦即阴之所吸。
交类牝牡，如影随形。
应若宫商，似响斯答。
水气在土肤之上，当以光交。
风气来空虚之中，但随质取。
光交亲凭目睹，质取变有多端。
若逢空缺即为来，一有遮拦旋作止。
辨明止来二气，方知嘘吸真机。

更有宅神，尤多妙用。

权衡内外，变化吉凶。

盖内气是宅内之方隅，外气是宅外之风水。

内外俱凶成废宅，内外俱吉是仙宫。

外凶内吉，仅许小康。

外吉内凶，难除瑕玷。

此言旷野一家之宅，非言城市比屋之居。

若夫接宇连甍，尤重升堂入室。

略陈规矩，以备推求。

大体先论宅形，机括更看门路。

四方正直，备有八宫。

匾阔直长，偏居二卦。

一曲须论首尾，三湾亦取两头。

长短消除，广狭转变。

均齐方正，有左衰右旺之时。

缺曲偏斜，辨此浊彼清之界。

卦有定理，格不一方。

假如震兑横若几样，二卦适均。

艮坤折若磬形，两宫并至。

试问门开何地，乃知气入之源。

细分内室何方，始定归根之路。

若门通前后，则卦不一家。

更室居中，则气收两舍。

向兼寅甲，坐杂亥壬。

东房富则西房必贫，南枝荣则北枝定萎。

察重轻于门路，测深浅于卦爻。

析爨乃彰，合居不判。

欲较门之力量，亦辨宅之形模。
方宅四周，门通八国。
如其曲折，难以推移。
坤向深沉，兑离二门皆不应。
正南重叠，巽坤两户总无凭。
门若居中，左右截然分气。
门若旁启，一边独领真情。
全凭内路之曲折直长，引神入室。
并审旁门之有无纯杂，漏气夺胎。
多门不如一门之专精，远路岂同近路之亲切。
总门统一家之隆替，房门辨夫妇之安危。
别有男女弟昆，验分居之房门。
下至奴婢妾媵，据所授之一气。
万花谷里，岂无一树先零。
数罟池中，亦有鲸鱼漏网。
宅大则所招之势必远，宅小则所受之气亦微。
总求领气为枢机，细审真方分顺逆。
改一门，顿分枯荣。
移一巷，立判灾祥。
折屋添房，看取东宫西舍。
整新换旧，须知旺位衰方。

或彼家吉而此家凶，或昨日兴而今日替。
其机可畏，其理难明。
叹肉食之终迷，遇真诠而罔觉。

有宅于此，吾所共疑。

何祖父显而未祚衰微，何旧主倾而更姓骤起。

亦有弟肥兄瘦，岂无主弱奴强。

愚人不识气机，辄议全无宅法。

不见芳春绿草，履秋霜而自凋。

譬诸大旱赤苗，沛甘霖而立起。

吉人趋其景运，薄祚遇其衰时。

实有天心，适符地脉。

此理捷于影响，至人秘而不传。

世重葬经，每轻宅相。

夫反气入骨，固人道报本之常经。

立命安身，亦孝子守身之本务。

祖先实以后昆为血脉，邱基反以住宅为安危。

其理甚微，不可不察。

且死者已枯之骨，非历久而不荣。

生人食息之场，随呼吸而立应。

欲求朝瘁暮荣之术，须识移宫换宿之奇。

历试不渝，吾言若契。

将此重任，慎简其人。

苟非同天地之心，何以通造化之妙。

按图索骥，难悉端倪。

触类引伸，粗陈大概。

省察之机寓手目，变化之巧因乎心。

书不尽言，言不尽意。

果精其术，真堪羽翼斯民。

克守遗规，庶以延长世泽。

至理不易，上士何由传之下愚。
天道无私，祖父岂敢贻其孙子。
我兹惧矣，削慎旃哉！

第四节　《天元五歌·论阳宅》摘录

人生最重是阳基，却与坟茔福力齐。
宅气不宁招祸咎，骨埋真穴贵难期。
建国定都关治乱，筑城置镇系安危。
试看田舍丰盈者，半是阳居偶合宜。
阳居择地水龙同，不厌前篇议论重。
但比阴居宜阔大，不争秀丽喜粗雄。
大江大河收气厚，涓流滴水不关风。
若得乱流如织锦，不分元运也亨通。
宅龙动地水就载，尤重三门八卦排。
只取三元生旺气，引他入室是胞胎。
一门乘旺两门囚，少有嘉祥不可留。
两门交庆一门休，大事欢欣小事愁。
须用门门都合吉，一家福禄永无忧。
三门先把正门量，后门房门一样装。
别有旁门并侧户，一通外气即分张。
设若便门无好位，一门独出始为强。
门为宅骨路为筋，筋骨交连血脉均。
若是吉门兼恶路，酸浆入酪不堪斟。
内路常兼外路看，宅深内路审门阑。
外路迎神并界气，迎神界气两重关。

更有风门通八气，墙空屋缺皆难避。
若遇祥风福顿增，若遇杀风殃立至。
矗矗高高名峤星，楼台殿阁亦同评。
或在身傍或遥应，能回八气到家庭。
峤压旺方能受荫，峰压凶方死气侵。
冲峤冲路莫轻猜，须与元龙一列排。
冲起乐宫无价宝，冲起囚宫化作灰。
宅前逼近有奇峰，不分衰旺也成凶。
抬头咫尺巍峨起，泰山压倒有何功。
村居旷荡无关锁，地水与门一道编。
城巷稠居池水润，路风门峤并同权。
一到分房宅气移，一门常作两门推。
有时内路作外路，入室私门是握机。
当辨亲疏并远近，抽爻换象出神奇。
论屋神祠礼最严，故人营造庙为先。
夫妇内房尤特重，阴阳配合宅根源。
八宅因门坐向空，三元衰旺定真踪。
运遇迁移宅气改，人家兴废巧相逢。
天医福德莫安排，岂是周公真八宅？
无极大士传流的，谁见游年获福泽，
逢兴鬼绝更昌隆，遇替生延皆困迫，
太岁神杀若加临，祸福当关如霹雳。
门内房房有宅神，值神值星交互测。
此是游年剖吉凶，不合三元总虚掷。
九星层进论高低，开架先天卦数推。
虽有书传都不验，漫劳大匠费心机。
山龙宅法有何功，八面山门亦辨风，

或有山溪来界合，兼风兼水两相从。
若论来龙休论结，论结藏穴不藏宫。
纵使皇都与郡邑，只审开阳不审龙，
俗言龙去结阳宅，此是时师识见庸。
但取阳居酿家福，山居不及泽居雄。
阴居荫骨及儿孙，阳宅气氤及此身。
偶尔侨居并客馆，庵堂香火有神灵。
遇着三元轮转气，吉凶如响不容情。
透明此卷天元宅，一到人家截废兴。

按：《天元五歌》是蒋大鸿在顺治十六年到浙江绍兴为门人吕相烈扦母坟时所作，时约40岁。五歌即："统论、山龙、水龙、阳宅、选择之五个部分的歌诀"，此为登入玄空宝殿的必读之书。

论阳宅就是蒋大鸿赠予吕相烈的《天元五歌》中的第四歌，此歌诀和《阳宅指南》、《阳宅天元赋》，都是直指阳宅操作要诀，蒋公把重要的阳宅心法都已直泄于纸上，望得此真诀者能细心体悟，必会有所启发而打开玄空秘钥。

第五章　实例剖析篇

第一例　陶姓宅　丑山未向　五运造

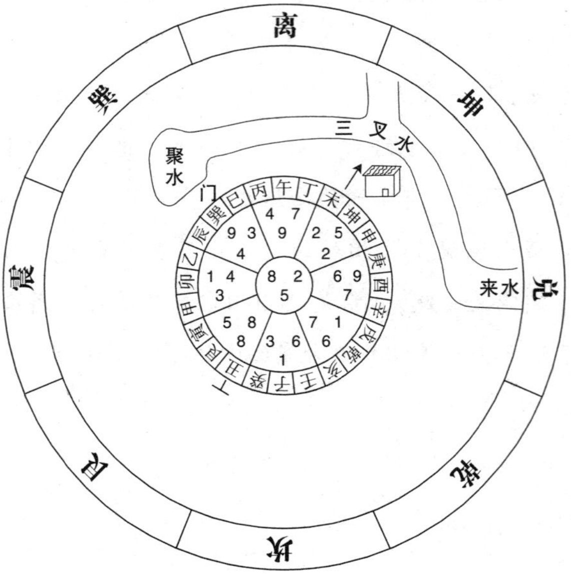

向上有破屋并水，开巽方门，前有三叉水口，兑方有水至巽方门前聚消。

原注：此屋住后，丁财颇好，旺星到向也。至六七两运，病人常见女鬼，因向上有参差之楼故也！

则先谨按：向上残楼参差，阳和掩蔽，宅中色气乃祸福之主宰，黑暗阴寒谓之死气，故旺运一过，二本阴卦，五为五鬼，自有病人常见女鬼之应！

导注：在《阳宅三十则》中论鬼怪云："屋运衰时，阴卦主出鬼"，向首坤方至六七运时已成退死之气，二黑为病符为坤卦属老阴之卦，五黄为大煞，该方阳和掩蔽又见破屋恶形，故会有病人见女鬼之应。病人见女鬼的还有一个原因是来自兑方之来水和巽方之门。

下面先分析六运时兑方和巽方之来气图：

巽方（门）

五	一	三
四	六	八
九	二	七

兑方（来水）

九	四	二
一	八	六
五	三	七

八之地元为阴，故八入中逆飞

兑方来气图

六	一	八
七	五	三
二	九	四

五之地元为阴，故五入中逆飞

巽方来气图

由上图可知，兑方来气使向首坤方得二黑之气与原局坤宫之二黑犯多重伏吟，巽方来气使向首坤方得八白之气与原局坤宫成三般卦更增凶性。故此屋会有病人因身虚而精神恍惚看到女鬼。

再来分析七运时兑方和巽方之来气图：

巽方（门）

六	二	四
五	七	九
一	三	八

兑方（来水）

八	四	六
七	九	二
三	五	一

九之地元为阳，故九入中顺飞

兑方来气图

七	二	九
八	六	四
三	一	五

六之地元为阴，故六入中逆飞

巽方来气图

由上图可知，兑方来气使向首坤方得六白之气，六白为乾属老阳之卦，与原局老阴之卦二黑坤同宫，《飞星赋》云：“乾坤神鬼，与他相克非祥”，《阳宅三十则》中论鬼怪云：“屋运衰时，阴阳互见主妖怪”。巽方来气使向首坤方得九紫之气，九紫火去生衰死之二黑土，更增加二黑之凶性，九紫主心智，故会因病而神智不清见到女鬼。

提示：病人见鬼，症在巽兑。

第二例　某宅　子午兼癸丁　五运造

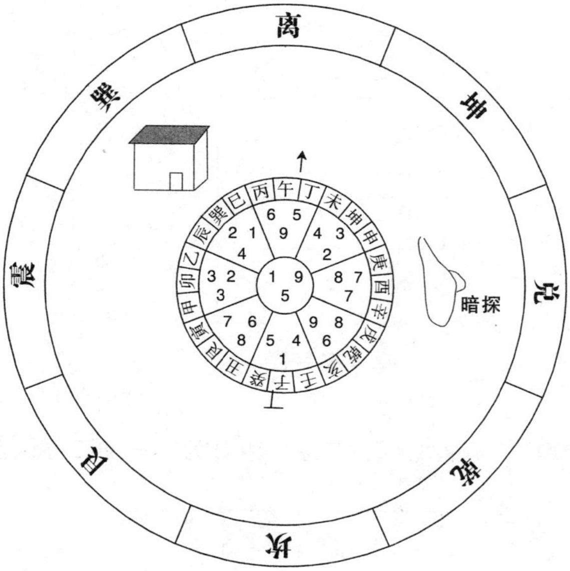

此宅兑方有暗探，七运见鬼，八运已消，可见暗探必主出鬼，不必拘定二黑为鬼也。

原注：此屋住后出寡妇，中年以上人丁克死，因坤土克坎水故也，此从屋向断，不从门向断也。

则先谨按：此屋起造非不合运，但巽方星辰犯水遭土克之咎，所以迭损中年者，必是方有邻屋窒塞掩蔽阳和，受克乃烈，否则辟为门路，通一四之气，亦未尝不主书香也！

导注：此屋为旺山旺向之宅，住后为何会损中男出寡妇呢？

在五运时，运星四绿到巽方，七赤到兑方。其巽方和兑方之来气图为：

巽方
（门）

四	九	二
三	五	七
八	一	六

兑方
（暗探）

五	一	三
四	六	八
九	二	七

四以六替，
四之天元为阳，
故六入中顺飞

巽方来气图

巽方来气使门得五黄之气，与原局组合为“一加二五，伤及壮丁”。

八	三	一
九	七	五
四	二	六

兼卦仍用七，
七之天元为阴，
故七入中逆飞

兑方来气图

兑方来气使门得八白之气，与原局之组合为《竹节赋》所云：“坤艮动见坎，中男灭绝不还乡。”

为何要到七运时才会见鬼呢？

现就来分析七运时的巽方和兑方之来气图：

巽方
（门）

六	二	四
五	七	九
一	三	八

兑方
（暗探）

五	一	三
四	六	八
九	二	七

兼卦仍用六，
六之天元为阳，
故六入中顺飞

巽方来气图

一	五	三
二	九	七
六	四	八

兼卦仍用九，
九之天元为阴，
故九入中逆飞

兑方来气图

八白即艮卦，艮乃鬼门，原局兑方八白飞临“暗探”之位。至七运时，巽方来气使八白到兑宫谓“鬼门还宫复位”，五黄到阳气闭塞的巽方与原局二黑组合，都会有见鬼之应。

在七运时，巽方为一白和五黄飞到，与原局巽宫为：“一加二五，伤及壮丁”之组合，故此屋之损中男出寡妇的现象要延及至七运为止。

若把此宅之巽方邻屋拆去辟为门路，又为何能出读书人呢？

因巽方有邻屋窒塞加强原局二黑坤土的力量，而二黑为一白之难神。一白为魁星，四绿为文昌，现把邻屋拆除辟为门路，则减轻了二黑难神之凶象，又六运时巽宫向星一白为辅弼吉星、七运时兑方来气为一白至巽方，故仍可出读书人。

提示：水被土克，出寡见鬼。

第三例　某宅　辛乙兼戌辰　五运造

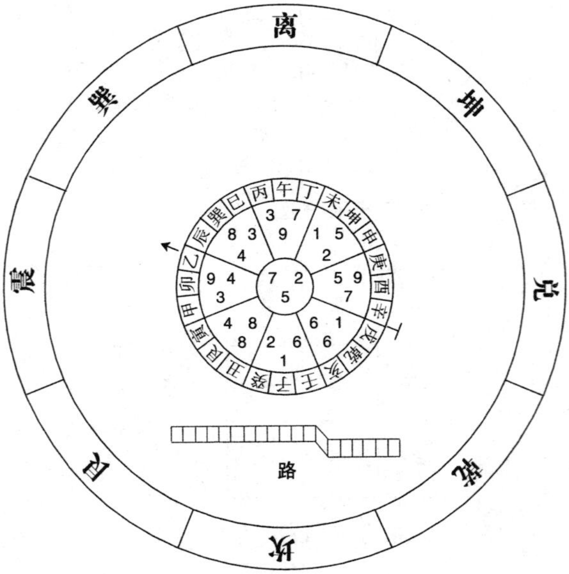

此局用变卦故二七入中。按向上挨星为三，三即乙。乙挨巨。故飞星不用三而用二入中。亦用替卦法也！

原注：此屋住后多女少男，连产八九女，只生一男。坎方有路，如夫人生者聪明，正配生者愚鲁，因一六到坎故也。生女者气衰也，即阳卦六生女故也！

则先谨按：此局不当替而用替，气自衰矣。气衰本主生女，阳卦且然，今山向中宫阴卦密布，显系多女之象，连产八九女者，山上向上各逢九到故也。只生一男者，运星三到向，震为长男故也。九五临山，火炎土燥，故所产愚鲁，秘旨云：“火见土而出愚钝顽夫”，虽当元亦应，况衰向乎！

导注：此宅女多男少有以下五个原因：

一、辛为人元龙，属顺子卦；戌为地元龙，属逆子卦，故辛兼戌是犯出卦。凡出卦之宅大多只发女性，不利男丁。

二、坐山之山星为五黄，经云：“山临五黄少人丁”，古时以男为丁，故只生一子。

三、生气山星六白飞临位于路口的乾方，为“山上龙神下水”，主不利人丁。

四、位于路口的艮方，为八白和四绿之组合，《紫白诀》云：“八会四而小口殒生”，意即不利儿子。

五、坐山五九、中宫七二、向首九四，飞星全为阴性，故多生女儿。

至于正配生者愚鲁，而如夫人生者聪明是从原局坐山方和坎方之路的乾方来气与艮方来气综合断之的。

四	九	二
三	五	七
八	一	六

艮方（路口）　　乾方（路口）

五	一	三
四	六	八
九	二	七

兼卦仍用六，
六之人元为阳，
故六入中顺飞

乾方来气图

八	四	六
七	九	二
三	五	一

八以九替，
八之人元为阳，
故九入中顺飞

艮方来气图

正配即第一夫人，为四绿在巽方。巽方得五黄和八白，使原局表文昌的四绿木因去克处旺地的土星而反遭其辱，所以正配所生孩子愚笨粗鲁。

如者，次也，即第二夫人。为九紫在离方，离方得一白魁星和四绿文昌，故主所生孩子聪明好学。

提示：运分二九，动象为凭。

第四例　某宅　壬丙兼亥巳　五运造

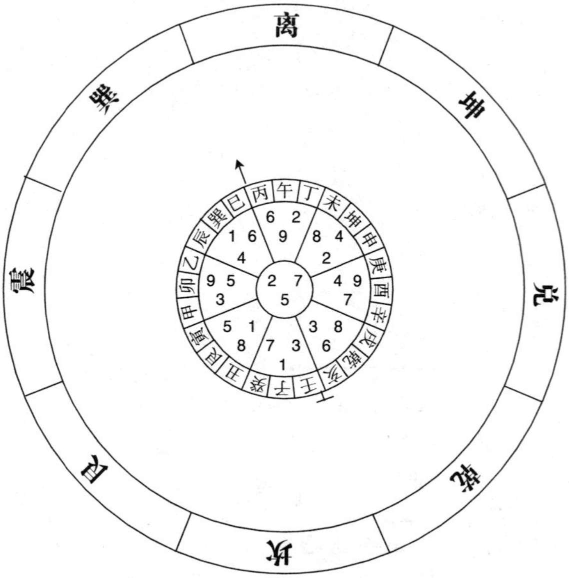

此局用变卦故七二入中。按到山之一为壬，壬挨二巨。到向之九为丙。丙挨七破。故山向飞星不用一九而用二七。此用替卦之法也。

原注：此屋住后，寡妇当家，如夫人主政。因二为寡宿，七五入中宫，七为少女，故主如夫人主家政也！

则先谨按：二黑到向主寡鹄，与六白同到则主寡而得旌，六为官星故也，有水更验。二宅同断，是局从向首中宫合阐取验，凡断衰向或旺向被凶形冲射者，均宜取法，于是并阐中宫也！

导注：此宅坐山方不见当令山星五黄，向首方不见当令向星五黄，这种当令之山向飞星均不飞临坐山和向首的，则表家长无主权。

中宫之进气向星为七赤兑卦，表妾；其得表正室的二黑坤土来生，故主小妾掌家权。

从向首可看出寡妇因守节而受到官吏表扬的九星卦象是：

向星二黑，即坤卦，表寡妇、文字、柔顺、布帛、群众、方形的意象。

山星六白，即乾卦，表扬善、大德、官吏、尊敬、金色的意象。

运星九紫，即离卦，表厅堂、槁木、热闹、红色的意象。

将以上的意象组合起来，就可看出“寡而得旌”的情景：性情柔顺的寡妇，长久为夫守节的德行被群众所尊敬，地方官为表扬她，敲锣打鼓很是热闹地把所赠之匾（在方形的木材上，上书金色字，又用红色的布帛套在上面）挂在其厅堂上。

这种用易理来推断应验事项的方法，是玄空风水独有的创举。

第五例　某宅　子山午向兼癸丁　六运造

原注：此屋财气大旺，丁气亦佳，因旺星到向，向上有水也。

然辰巽方是一二，墙外有坟。左边当出一书腐。

未坤方有屋，门临于四八之位。右边亦出一书腐。因一为魁星，四为文昌，皆被土压故也。若无坟屋，不过出读书之人耳！

则先谨按：观此可悟一四所在，无论山向飞星，均不宜受形质上之逼压。犯则变文秀为书腐。冲射更凶，二宅同忌。

导注：此宅为双星到向，因向方有水相应，故大旺财气。但六白山星犯下水，何以会人丁仍佳呢？是因坐方之山星为生气星七赤，《玄机赋》云："乾乏元神，用兑金而傍城借主"。

一白为魁星，四绿为文昌，若一四之方见清澈河水或秀丽山峰，主出文采斐然之人。

该宅之巽方有坟墓且其属土之五行去加强二黑和五黄的力量，使一白水受制太过，故出迂腐的书呆子。

坤方之屋形在五行上属土，山星八白也为土，坤方又是五行属土之宫，虽向星四绿木能克土，但因是弱木克旺土，反为土坚木折，故出功名无望的读书人。

提示：宅出书腐，主因在水。

第六例　某宅　子午兼壬丙　六运造

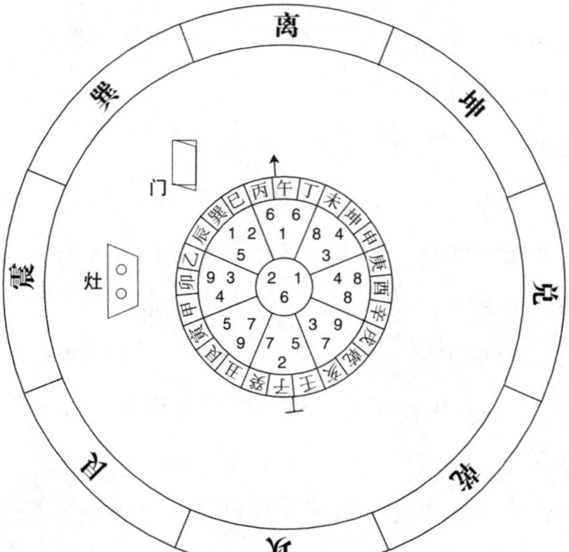

原注：此宅向得六白，双乾到向，乾为阳首，坐子向午，为地画八卦之坎宅，阳六为坎宅生气。金生水也。且合紫微八武同到之妙。便门开震，巽方进内屋，巽方二黑为孤阴，为坎宅之难神，坎宅水也，水被土克，故为难

神。再见一白同在巽宫，土克水也，一为魁星，主出读书人，今受土克，故读书将成，而病生水亏之证，恐夭天年。

此宅内户门宜开离艮兑三方，合成六七八三般卦，因离得六白旺气也，艮得七赤生气也，兑得八白生气也。次走坤路亦妥，四绿门，四为文昌。切忌走巽门路，巽方是二，主病符，且克坎宅。

灶为一家之主，此宅灶宜在震方，火门宜向酉，木生火，火生土也。又宜在兑方，火门向震，火生土，木生火也，又宜在坤方，火门向坎，木生火，火生土也。但巽方是宅之病符，坎方是宅之五黄，均宜避。如火门向艮，是火克兑金，主口舌，有肺病血症。如离方名火烧天，主出逆子。书此可通诸宅之法！

则先谨按：立灶之法，以向上飞星作主，火门朝对为重其方位。可不问衰旺生死，旺方可避则姑避之，最宜坐木向土或坐土向木，取木生火，火生土为吉。火门向一白，取水火既济亦吉。但飞星之二黑五黄方均为坐朝所忌，因巨属病符，廉主瘟疫故也。

九紫方火气太盛，虑患回禄，亦为坐朝所忌，余如向乾六兑七，犯火金相克，主有口舌肺病血症之咎，亦非所宜。且乾为天，火烧天门主出逆子，九六同宫更验，宅内门方以向上飞星取三般或三白为不二法门，二黑为坎宅难神，当运不忌，余虽无一白同临，亦非所宜，因二为病符故也！

导注：巽方之门纳山星一白、向星二黑、运星五黄，经曰："一加二五，伤及壮丁"。一白为坎卦，于人体为肾，但因被二黑病符、五黄瘟疫所克，故家有肾亏之人。

古时的灶是很注重灶口的，是因为灶口是木材、煤炭等燃料的出入口和引气生火的进风口，其向吉则纳吉气，向衰则纳衰气。但现代炉灶多以煤气或电力之灶具为主，纳气之法已有异。所以，我们在引申古法时，要随时代而通变，倘若还以古代的论灶学理来看现代的灶具，则为食古不化。

提示：水亏之症，病在下水。

第七例　某宅　子山午向　六运造

原注：此宅对宫有屋尖冲射，中子当家，因坎入中宫，坎为中男也。然屡被官府暗算。虽属旺向，因有邻屋冲射，向上是六，六为官星故也。

则先谨按：屋尖冲射，官星高耸，故屡被官府暗算。向上旺神飞到对宫高屋，犯上山，亦主耗财。六为长，长不得力，故主中子当家，取坎入中宫之验！

导注：作为一家之主的父亲为何会把家权交给中子呢？

这是因离方有屋尖冲射，尖属火，形局之火去克山星六白金，六白为乾卦于人事为父亲，故不利父亲。而中子当家的原因在原注中认为是坎入中宫，其实是因为离宫之山向飞星六白金生合运星一白水，六白为乾卦表父亲、权力，一白为中男，故父亲把当家之权交给中子。

至于屡犯官非，是因此宅犯有二处风水禁忌：

一、向方见屋尖冲射，尖形之火克六白之金，主有官非。

二、大门位于震巽两宫，为犯驳杂。震方之三碧和巽方之二黑，在《玄空秘旨》云："雷出地而相冲，定遭桎梏"，《紫白诀》言："斗牛煞起惹官刑"，主遭小人暗算惹官非。

大门之巽方纳一二，二为一之难神，表当家之中子，为官非之事而犯难。震方纳九三，九为离卦为心，三为震卦为动，也表中子因官非之事，煞费心思而四处活动。

提示：此宅耗财，被克所致。

第八例　会稽任宅　子午兼壬丙　七运造

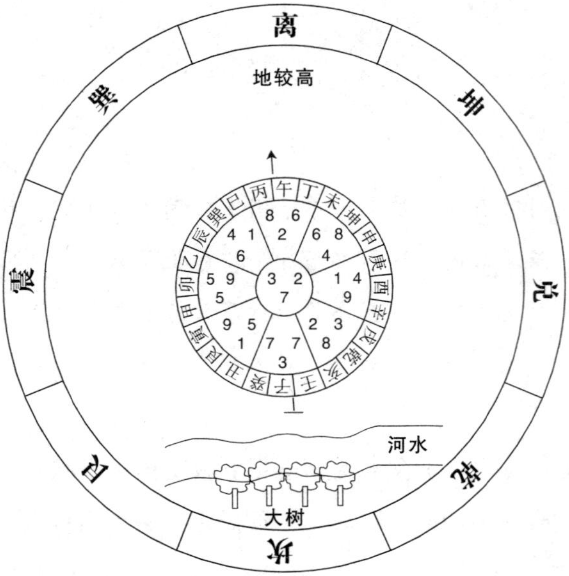

原注：此宅前面地高，后有大河，乾坎艮方均现水光，后有大槐照水一

片绿色，屋内多阴暗。住此屋者财丁两旺，因双七到后，后有大河故也。然屋内有身穿绿衣之女鬼，至申时出现。因双七到坎，七为兑为少女也，二黑到乾，二为坤母，五黄到艮为廉贞，即九离为中女，五黄又为五鬼，此三方皆有大河水放光，合坐下之七，即阴神满地成群，故主出女鬼。于申时出现者，以坎为阴卦，申乃阴时也。穿绿者，因槐映水作绿色也。且屋阴暗，故鬼栖焉！八运初，钱榀严于未方为开一门，至今鬼不现矣。因未方得八白旺星，艮方变为二黑，五鬼已化，故无鬼也。此乃一贵当权，众邪并服之谓耳。

则先谨按：易不言鬼，凡鬼均与卦气有关，然必与环境形态相凑合，其验乃神。但屋得旺向或门开旺方，其形气亦能潜移，此一贵当权之义。是宅八运初，钱榀严为就未方开门，鬼不复现，即旺门之力也。

导注：此宅“阴神满地成群，故出女鬼”的结论，是从乾、坎、艮三方得出的，乾宫山星二黑、坎宫山向同为七赤、艮宫山星九紫和向星五黄所通中宫之二黑，可知皆为表女性的阴星。

下面来分析乾坎艮三方的来气图：

三	七	五
四	二	九
八	六	一

三以二替，
三之天元为阴，
故二入中逆飞

坎方来气图

六	二	四
五	七	九
一	三	八

八以七替，
八之天元为阳，
故七入中顺飞

乾方来气图

二	六	四
三	一	八
七	五	九

兼卦仍用一，
一之天元为阴，
故一入中逆飞

艮方来气图

可见乾坎艮三方之水，有两方引来之阴气集中在震中兑三宫，再加上屋内阴暗，故出女鬼。

至于鬼在申时出现，是因中宫向星二黑，二黑为坤卦为女性为鬼魂，申属坤卦，故出现在申时。穿绿者，除有槐映水作绿色外，还因中宫为山星三碧所致。

坤方为任宅的旺气方，钱韫严（又名钱荆山，江苏无锡人，是章仲山的门人）为何不开坤、申之门，而独取未方开门呢？

盖八运时为八白入中，五黄到坤方。因天元龙坤、人元龙申均属阳，逢阳顺行，则为二黑衰星到门，故旺而不旺。地元龙未属阴，逢阴逆行，则为八白旺星到门。

此宅为上山下水局，为何却能丁财两旺？是因离方高地为生气山星八白，坎方河水为当令向星七赤。

提示：鬼不复现，离亦一功。

第九例　会稽章宅　子午兼癸丁　七运造

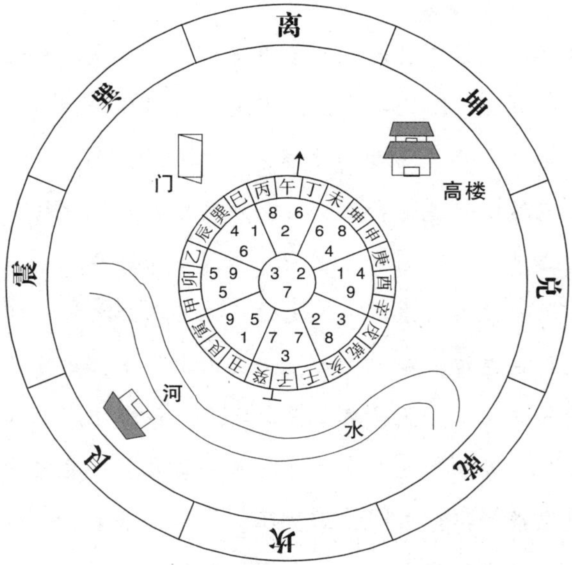

原注：此屋运星到后，定主财丁两旺，双七临坎，至八运财大退，以坤方无水且有高楼压塞，名为上山故也。

又有官讼不休，以六到坤，六为官星也。

此屋若两家合住，书云："一到分房宅气移，一门换作两门推。"左边所住之人居一五之位是衰方，八运上山定主萧条；右边所住之人是八位，虽系上山，地盘尚旺，较左边之财大有高下，然总不吉耳。门开一四之方，书香是好，兑方所住之人一四同宫，定主采芹（入高级学府）。屋后之河，乾方有跷足之象，且居于乾之三，三为震为足，住乾方屋者，必出一跷足。

左边所住丑方之人，必出一瞽女，因丑方九五同宫，且有门屋塞压，九为离为目，五为土，目中有土，故主瞽。书云："离位伤残而目瞎"也！

左屋之灶建于震方，震九位火门向午，午即六，定主父子不睦，书所云："火烧天"也！然无骂父之儿者，形局无张牙之状耳！

则先谨按：天元五歌阳厢篇云："一到分房宅气移，一门常作两门推，有时内路作外路，入室私门是握机。"注曰：分房者，是数家合居一屋之分房也，看法以一家私门为主，诸家往来之路为用，是言九星定于起造之际，不因分房而随之变易，第分房以后，各得一隅，其吉凶以私门乘气，故曰握机。内路引气故转可作外路论耳，后人不察，率以分房后之私门作主，不论所处地位，仅系宅之一部或厢房，余房各自立极飞布九星，谁知中宫误定，满盘都错。要之宅运以起造定特立星辰，须实际上自辟蹊径，不相关连，方得立极飞布，自成一家。否则只可照全宅八国之局部推也。

本篇详注，住左住右，左居一五之位，右处八白之方，即房分而宅运仍旧之明证也，或谓住左边者私门向西，七运山上飞星，西方是一，向上飞星西方是四，门对一四同宫，主出聪明正途之人；住右边者，私门向东，七运山上飞星东方是五，五即土也，向上飞星东方是九，九为火为文明，门对九五，火炎土燥，顽钝之征，文明被土所压，主出一书腐。此从门向论也。

今沈公注云，兑方所住之人定主采芹，乃就地盘立论，然震方处九五之位，不出书腐者，亦未始非门对一四之补救也。门向地盘融洽饶减之理，观此便不难索解矣！

导注：此屋至八运时，会有官讼不休的原因有二：

一、《天元五歌》有云："宅前逼近有奇峰，不分衰旺也成凶。"坤方六白山星因有高楼压塞反呈凶性，六白为乾卦表官星，其为煞时，主惹官非。

二、坎方之双七旺星变为退气衰星，与运星三成反吟，正合《紫白诀》中："三七叠至，被劫盗更见官灾"之凶应。

一间屋子内，所居方位不同，风水对其影响也是不同的。下面就来分析此屋内所居各方之人的风水吉凶效应。

兑方所住之人一四同宫，一白为坎为智，四绿为巽为文，故出采芹之秀士。

乾方所住之人二三同宫，二黑为坤为病，三碧为震为足，且乾方有跷足之象，故出脚跷之人。

艮方所住之人九五同宫，九紫为离为眼，五黄为瘟，且有屋遮闭，故出眼瞎之人。

震方所安之灶五九同宫，《玄空秘旨》云："火见土而出愚钝顽夫。"其灶火门向午，离宫为六白乾卦，表父亲，《玄空秘旨》云："火烧天而张牙相斗，家生骂父之儿。"幸形局无张牙之状，故出愚鲁之子与父不和而已。

提示：此屋官讼，罪在乾也。

第十例　胡宅　甲山庚向　七运造

原注：此屋丁方有一条直路而进，山颠水倒，本主不吉，且离方门前有直路冲进，又是二四同宫，定主姑媳不睦，书云："风行地而硬直难当，定

有欺姑之妇。”姑受欺不至气结而死者，以门上有九到，火能生土故也！

则先谨按：玄空五行之吉凶，必与实地形峦相凑合，其验乃神，风行地上，气也（理气），硬直难当，形也，形气交会，自有悍妇欺姑之应。是屋门开二四之方，苟无路气直冲，其验亦微，然是屋本犯山颠水倒，若就震方得辟便门，亦足以资补救，今不是之图，而辟离门，纵无凌长犯上之应，亦全无生气入门，衰可知矣！

导注：《玄空秘旨》云：“风行地而硬直难当，定有欺姑之妇。”“风行地”是指理气，巽为风为四绿，坤为地为二黑，即为四绿克二黑之组合。“硬直难当”则指形局，指的是一条直冲之路，亦即俗称的枪煞。该宅之离方有路直冲且飞星为四二，故有姑媳不和之应。

提示：弼被合克，则不为吉。

第十一例　张村丁宅　子午兼癸丁　七运造

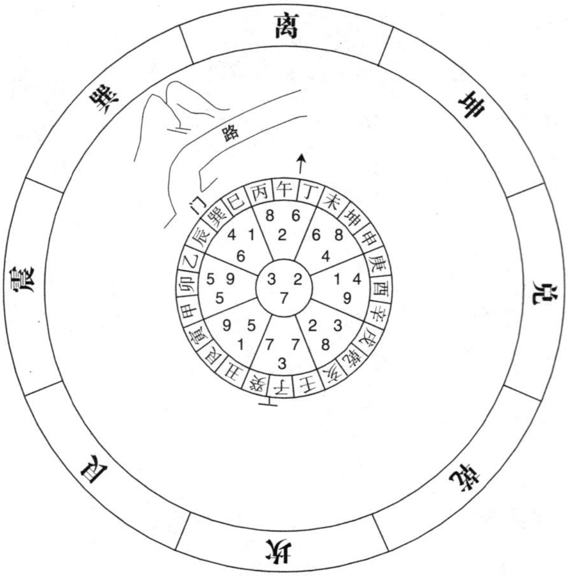

此屋门开巽方，前有直路阔大，从午方引入。

原注：此屋向星上山，后无水，本主不吉。门开巽方，本一四同宫，主发科名，因路气直冲，为水木漂流之象，四为长女，故主妇人贪淫。路从午方引入直进到门，主外人进来，来者必一光头和尚，因向上之六在于离方，头被火烧，故主光头，入于四一之门与妇人交接也，且巽为僧，故主来者为和尚。然此门前必有抱肩砂，否则无此病也！

则先谨按：一四同宫，得令主功名，失令主淫乱，然与形态丑恶之砂水相值乃验；犹发科名之必须挨到秀峰秀水方位，同一例也，二宅皆然。

导注：离方的山星八白为艮为山为寺庙，向星六白为乾为老头，运星二黑为坤为寡为清静。意即住在山上寺庙里的老头，指和尚。南方之宫位离火正克表头的六白乾金，火烧头则光，故是光头和尚。又因离方见路口使山星八白犯下水，主和尚不能持守清规静待寺中。

为何此不守清规的和尚会勾搭住淫妇呢？

因路是从午方引入直接到巽方之门的，巽方又受直路冲而使山星四绿犯下水，故出四荡一淫之妇，巽门之外犹如二人相拥的抱肩砂，更形象地衬托出二人淫合的情景。离方和巽方为六、一、八、二、四之组合，因六为乾为动为金玉，一为坎为水为淫，八为艮为手（勾引），二为坤为寡，四为巽为漂亮为风，综合二方诸星意象就可看出：不守清规的和尚，垂涎于漂亮又风骚的寡居之妇，用钱财进行迷惑而勾搭成奸。

提示：反吟之局，亦主淫合。

第十二例　某宅　申寅兼坤艮　七运造

原注：此屋住后财气颇佳，然巽方有高楼冲射，必有一老寡妇争田涉讼，因六为官星，二为寡宿为田土故也。

又有少女喜伴中男，因向上双七，七为少女，坎一到向，坎为中男故也！

则先谨按：此图例则先没有解按语。

导注：此屋会有寡妇因争田对簿公堂的原因有以下三点：

一、巽方挨星为二三斗牛煞，向星二黑为坤为寡妇为田地为吝啬，山星三碧为震为争斗，故会争田涉讼。

二、高楼为峤星，其有回风返气的作用。峤星在巽方，则能反照乾方之气，乾方向星九紫火被山星五黄、运星八白二土所晦，故寡妇因钱财而有

"斗牛煞起惹官刑"之应。

三、再来分析巽方之高楼的来气。

五	一	三
四	六	八
九	二	七

兼卦仍用六，
六之人元为阳，
故六入中顺飞

巽方来气图

由上图可知，巽方、中宫、乾方之挨星分别为五黄、六白、七赤。《紫白诀》云："交剑煞兴多劫掠"，且五黄凶性又去生助六七交剑煞。

至于为何会有少女喜伴中男之现象呢？

此局为双星到向，山向飞星七赤同到艮宫，从原注中已知此屋住后财气颇佳，可推断出此宅之艮方向首必为空旷，犯下水之七赤山星又去生运星一白，七赤为兑为少女，一白为坎为中男为淫。正如《玄空秘旨》所云："金水多情，贪花恋酒"。

提示：争田涉讼，因在二七。

第十三例　许宅　子午兼癸丁　七运造

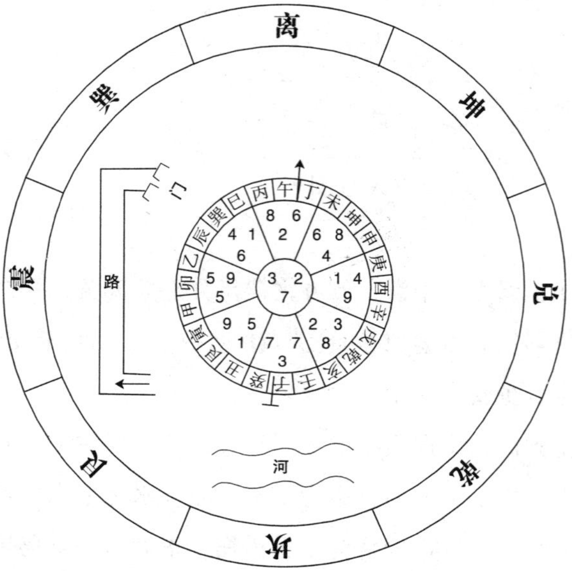

屋后有河，巽方开门，路从艮至震至巽引入门中。

原注：此屋住后，财丁两旺，因旺星到后，后有河水故也。门开巽方，乃一四同宫准发科名，且向上是六，巽方运盘亦是六，六为首，且六与四合十，又一与六同宫，当为案首，故孟仲两人均考案首而入泮（考入高级学院）。

道光七年丁亥，二入中，一白到巽，二房考一等案首。

道光十五年乙未，三碧入中，二黑太岁到巽，长房考起补廪，皆巽门之力也。进气艮震两方之路，均犯九五同宫，故出瞽目之人。

则先谨按：进气方两犯九五，遂主出瞽，可见阳宅以门为骨，以路为筋，吉门恶路，故有酸浆入酪之喻。

导注：开门之巽方为四一组合，《紫白诀》云："四一同宫，准发科名之应"，《玄机赋》曰："木入坎宫，凤池身贵"，主大利学业。且巽方运星六白与山星四绿合十，与向星一白先天合，正如《玄空秘旨》所云"虚联奎壁，启八代之文章"和"车驱北阙，时闻丹诏频来"，故主家人必能以夺魁之分考入高级学院。

在道光七年丁亥，二黑入中，一白到巽方，一白为坎为中男，故有"二房考一等案首"。

在道光十五年乙未，三碧入中，二黑太岁到巽方，巽为长女，故有"长房考起补廪"。

有如此吉应的住宅，为何还会有目瞽之人呢？

这要从艮路和巽门共同参看，下面再来分析外路艮方和开门巽方之来气图。

二	六	四
三	一	八
七	五	九

一之天元为阴，
故一入中逆飞

艮方来气图

五	一	三
四	六	八
九	二	七

六之天元为阳，
故六入中顺飞

巽方来气图

由上图可知，艮路和巽门之来气使宅内艮方纳得七赤先天火，九紫后天火，更比助原局凶性。震方纳得三碧和四绿木，使原局木多火塞，故出目瞽之人。

提示：艮路旺财，七八两运。

第十四例　湖塘下陈宅　亥山巳向　八运造

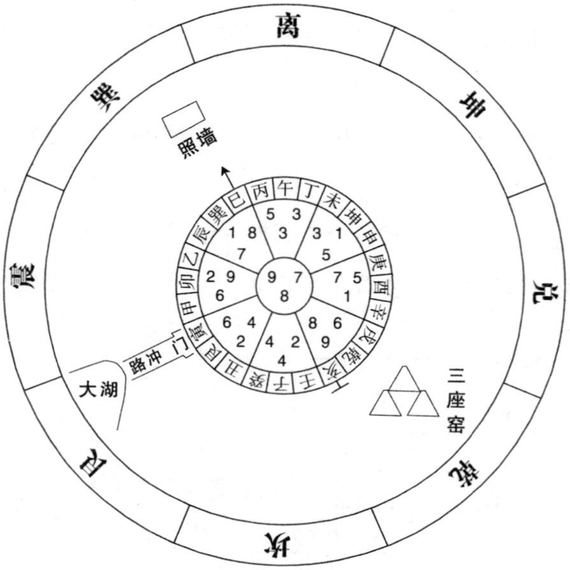

屋后有窑（烧制陶器的工场）三座，在戌乾亥方，巳方照墙，寅方开大门，门前有大湖放光，又有路直冲寅向。

原注：此屋住后，家主即吐血而亡，因乾方六九同宫，犯火克金，又有三窑火光透焰，真火又来克金，离色赤，乾为主，故家主吐血而亡也。

寅方门二四同宫，二为姑，四为媳，又有直路冲门，门前大水为五黄，故主姑媳不睦而致讼，以六到艮宫，六为官事也。

次子病后而哑，以巽为风为声，寅门四二五同宫，土塞声上，故主失音。中宫七二九同宫，书云："阴神满地成群，红粉场中快乐。"故主姑媳不洁也。此宅若开门向丑，八白旺星到门，主二十年吉利，断无诸患，所谓一贵当权耳。

则先谨按：开门之法，固取旺方。而于二十四山随时而在之阴阳不可不辨。如前会稽任宅八运初，钱楅严于未方为开一门，鬼不复现，夫坤宫固为任宅八运之旺方，然不开坤申，而独取未者，何也？盖八运八入中，五到坤，天元龙四维五属阳，坤申阳也，逢阳顺行，八白不能到门，所谓旺而不旺；未阴也，可用五入中逆行，则旺星到门，艮方变为二黑矣。是宅艮方运盘为二，二即未坤申，此三字惟未属阴，未与丑为地元一气，故当开丑门丑向，则二入中逢阴逆飞，八白旺星亦到门矣，此不旺而旺也。

导注：这例讲了四个方面的话题：1. 家主吐血而亡；2. 姑媳不和致讼；3. 次子病后而哑；4. 丑方开门得旺。下面就逐一分析：

一、亥山属乾卦为宅主，其方见三窑火光透焰，为真火旺克乾金，故必有《飞星赋》中所说的“火照天门，必当吐血”之凶应。

但为何会严重到因吐血而亡呢？

受路冲的艮门所挨得的山星六白犯下水，会不利宅主的身体。又以玄空大卦来看，八运艮方正神位见水，则作衰论主为血。再结合艮方和乾方之来气图：

一	六	八
九	二	四
五	七	三

二之人元为阳，
故二入中顺飞

艮方来气图

一	五	三
二	九	七
六	四	八

九之人元为阴，
故九入中逆飞

乾方来气图

由上图结合原宅命盘可知：①艮方之来气与原局成三般组合。②艮方之来气使乾方为三碧木挨到，使本可解九紫火与六白金相克的八白土组成了三八合木助火，其中三碧又合形局三窑增凶性。③乾方之来气与原局之山星构成伏吟，山星主人丁，故有伤人之象。这么多的凶象，才引发了会吐血而亡的凶应。

二、艮门见路来冲射又有大水，故不仅仅只“风行地而直硬难当，室有欺姑之妇”，而是已发展为姑媳致官讼。

由于失令之向星四绿为巽为长女、主性荡，与表老头和金钱的山星六白相合，且又与同在艮方的大湖之水成“四荡一淫”，可知姑媳都为淫荡之人。

三、次子病后而哑的原因，书中讲是因寅门为四二五同宫，四绿为风为声、二黑为病、五黄为毒，才会因病而哑。

四、丑方开门得旺，是钱辐严的开门之法。因丑为地元龙，则二黑入中逆飞，使丑方得八白，故若开门可得旺气引入。

三	七	五
四	二	九
八	六	一

二之地元为阴，
故二入中逆飞

由上图可知，同为艮宫的丑方开门与寅方开门，虽仅为一步之差，但吉凶迥异，故为人勘宅不能有半点马虎！

提示：次子病哑，还察巽方。

第十五例 东溪周宅 酉卯山兼辛乙 八运造

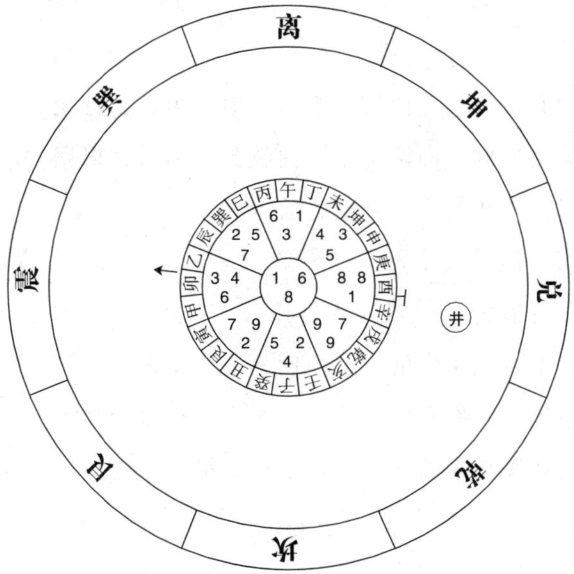

此宅坐后辛方有井，作书房，于道光乙未丙申两年，先生打死两学生，均头上受伤而死。

原注：此屋旺星到山，本主不吉，向上运星之六入中，已泄中宫之土，乾六为首，为师长，巽四为木，为教令，向上三四六同宫，故首上加木。中宫八六一同宫，故少男头上有血。

辛方之井双八到，八为少男，井在运盘之坎，坎为血，必待乙未丙申年应者，乙未三碧入中，中宫首上加木也，五黄到井，五为大煞，书云："五黄到处不留情"。一白到向，一为坎为血，向上是六，头已出血，故主打死。打死之月，必是二月（四入中，中宫头上重加木也）。六白到井，头上见血，二黑到向，太岁临向也。所伤之人必肖虎者，丙申年四绿到井，二黑入中，太岁临中宫，四到井上，木克土也。然必是二月。一入中宫，头上见血，伤者必肖牛也。

则先谨按：此乃令星下水，丁星落在井中之咎，乙未年逢戊己大煞临井，丙申年向上之四亦移到井，故凶祸迭现，所伤之人必主肖虎与牛者，以双八到座，八即“丑艮寅”，丑为牛，寅为虎故也。此以卦象推祸兆，而以坐山双星断年命也！

导注：这则卦象分析是比较详细的，但对为什么打死人的一定是教师之论断，似乎还缺乏理据。原注中以六白乾卦为师长，根据卦理，因四绿为文曲为秀士，故以四绿巽卦为教师更为恰当。

所以对坐山、向首、中宫所挨得的飞星一三四六八，应是这样来分析：一为坎为血；三为震为动；四为巽为师为木；六为乾为头；八为艮为少男。故为教师挥动教木打在男生的头上而使其流出血来。

辛方之井使当令山星八白犯下水，主少男有血光之灾。

至于为何是肖虎与牛的学生，乃是从山星八白所知，因为八为艮，包括丑艮寅三山。

提示：既泄又耗，人丁受损。

第十六例　某宅　未山丑向　八运造

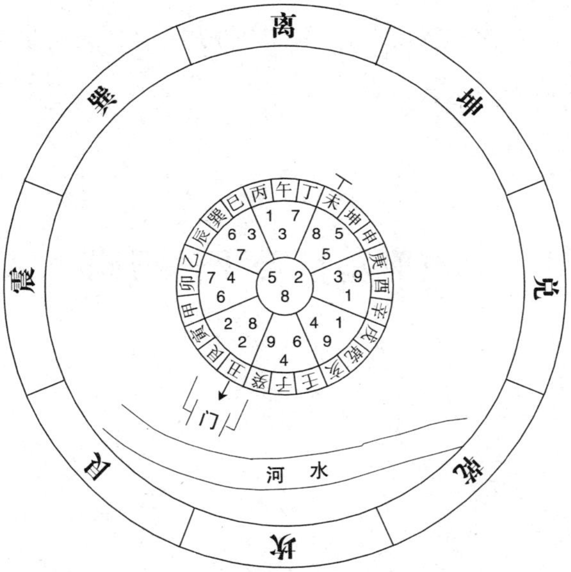

乾坎二方有水放光至丑方门前横过。

原注：此宅住后，丁财颇佳，因旺星到坐到向，向上有水故也。惟嫌乾坎两宫之水，皆四六九同宫，乾方本无六到，而地盘是六，故亦四六也。书曰："巽宫水路缠乾，主有悬梁之厄"。故主屋内有一女人身穿红衣黑背心坐而吊死，此因乾方地盘是六，六金也，金重故不能悬起，坐而吊死也。穿红衣黑背心者，因九一同宫，九为离，色红，离中虚，落于坎位，坎色黑且中满，填补离中虚，故穿红衣黑背心也。若六在上（天星），四在下（地盘），即主悬吊也。

则先谨按：巽为索，乾为首，索系于首，缢之象也。故乾宫水路缠乾，失元主有悬梁之厄，应在女子者，乾金克巽木，四九为阴卦故也。然有水或路，其克乃力，否则亦不验。

是篇合乾坎两宫解释卦象，惟妙惟肖，为断法精到之作。或云水路缠乾，兼形局断，如阳宅乾方有曲水缠绕，亦主此厄，然亦须太岁或年月星辰加临，其祸斯应。

导注：这例讲解的已很详细，现就只说一点补充。

坎宫之河为忌，运星四绿与山星九紫的先天合，与向星六白的后天合，这种为凶的双合更加强了其恶应。

提示：为凶为吉，均在坎宫。

第十七例　宁波府基　癸丁兼丑未　八运修造

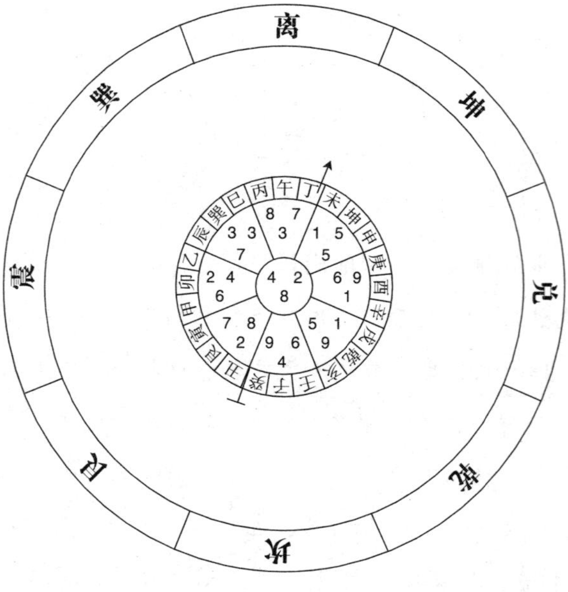

此图向上挨星为三，三即乙，乙挨巨门飞星，不用三而用二入中者，用替卦法也。

原注：府基兼未，应用变卦，丁即乙，乙即巨门，乙阴逆行，二入中，七到向，八白运修造，用变卦，七到向，向上犯“三七叠临，主劫盗。”故夷人来劫财也。

未坤申方双五廉贞与一白同宫，“一”水为贼也，廉贞，火也，庚酉辛方离火独焰，一六又在同宫，一为水贼，六为兵刃，故主海盗从西门而入，尽烧屋宇。戌乾亥方上加离，离上加廉贞，壬子癸方，六九同度，辰巽巳方，三七叠临，丑艮寅方，亦二七同度，二为火星，七为兵刃，震方亦是风火同宫，故主满城皆火贼也。

则先谨按：官廨为民牧发号施令之所，辖境盛衰所系，得失体咎，动关治理，非私人宅墓之仅系一家祸福者，所堪拟其万一，其堂局宜取雄壮整严，气象万千，而修造尤当合乎天心正运，向首一星，宜得生旺贵秀之气，和平悠远之神，切忌厉气煞神到向，盖其承接之气所并过钜，故论宅以此为最严。

是局八运用替，退神管向。令星落于艮宫，贵不当权，筑室方新，而星气已衰，为阳宅所切忌。矧以府基之重，而可不得旺星者乎！且全盘星辰，其吉凶以向首所纳之气为转移，煞神厉气宁有，一定要在乘时合运，自然击无不宜。震为天禄，庚号武爵，用得其时，震庚会局主“文臣而兼武将之权”。于三七乎何尤，一六、二七、九六、廉贞亦何莫不然，所以造成烽火满城之局者，不当替而用替，向居衰败之位故也。观此可悟修造不合天心之可畏也。

以上断语，阴阳二宅皆须心灵目巧，形气兼观，若拘拘呆法者，不足语于玄空之道也。但求地必先积德，不善之家，须慎用之。钱塘沈竹礽识。

导注：这章说明官府的风水能影响全城百姓的祸福。

此府为癸丁兼丑未，因癸为人元龙在坎宫，丑为地元龙在艮宫，此兼名为“出卦”。虽当运用之，亦有发丁不盛、发禄不足、房分不均之弊。此局向首纳得退气向星七赤又当令山星八白犯下水，这种向首不当权的公家机关，主领导是懦弱无为、颟顸无能、刚愎自用、做事常颠倒错乱之人。出卦之向，更主上下不和、主从不洽、奸佞当道。

此局没有标明外面的形势，现就以《玄空秘旨》中：“若知祸福缘由，妙在天心橐龠”来论断。

向首是向星七赤与运星三碧反吟，《紫白诀》云：“三七叠至，被劫盗更见官灾”。

中宫是向星二黑和运星八白均为土，被山星四绿木克，正合《玄空秘旨》中：“我克彼而反遭其辱，因财帛以丧身”。

坐山是向星六白与运星四绿反吟，《玄空秘旨》云：“相生而有相凌之害，后天之金木交并”。

山方九紫和向首七赤均为火性，而五黄廉贞在中宫是土，飞出则也为火，故综合论之，可看出盗贼拿着刀刃，进行掠夺财物、烧毁屋宇、杀伤百姓的残暴行径。

按：此 17 个阳宅案例都是无锡人章仲山所著，于同治癸酉年夏，沈竹礽偕其姻亲胡伯安用重金向章公后人借阅，竭一日夜之手录后并作注评。读者若能对诸例多加演练推敲，必可在论断技巧上会有所助益。

第六章　风水与国运

——试从家居小风水看国家大运势

风水，是中国传统文化的一个重要组成部分，自古就有“宅者，人之本；人者，以宅为家。居若安，即家代昌盛；若不安，即门族衰微”的说法。蒋大鸿在《阳宅天元赋》中云：“生人食息之场，随呼吸而立应”。就是说住宅是生人食息之场所，人的吉凶祸福是随着家居风水的好坏而立马感应的。

家庭是最基本的社会个体，我们所生活的小区、乡村、街道，是由一个个家庭集合而成。所以，没有家庭，社会就不可能存在；没有家庭的和谐，就不会有社会的和谐发展。蒋大鸿在《天元五歌·论阳宅》中云：“人生最重是阳基，宅气不宁招祸咎。建国定都关治乱，筑城置镇系安危。”可见住宅风水小则可以影响个人运气，大则还可折射整个国家运势。

众所周知，居安方能乐业，因此要构建和谐社会，居家风水是不可回避的话题。有必要重提在中国大地上生根数千年现正趋向国际化的风水学。

那么，风水是门怎样的学说呢？风水作为一个专用词，已有其独特的概念，我对它的理解是：

风即天时，天空中星体的运动能产生风，且星体的运动有其周期变化之时间性，这就是指三元九运说。

水即地利，水会随不同的地势环境发生不同的变化，意为地球上的山川形势、环境布局不是固定不变的，而应根据元运的变化作出相应改变，以达到最佳的有利空间。

《管氏地理指蒙》中说："人与天地并列为三，非天地无以见生成，天地非人无以赞化育。"风水学探讨的就是人与天地之间的内在联系，主张通过人的意志主动性之发挥来参天地以赞化育，以达到顺其自然、达其平衡、促其和谐的效果。即人一定要结合天时与地利的运行变化规律并加以效法，以弥补和调整自己的不足，从而达到与自然的相通和合之境界。

先哲所提倡"天人合一"、"天人感应"的思维观用现代理念来说就是人类必须要和天地自然、宇宙万物取得平衡与和谐，这样才能生存安宁、生活快乐、国家顺泰。这种思维不但渗透于家庭住宅，同样也适用于城市建设、小区规划等方面。

东汉的王充在《论衡》中云："事莫明于有效，验莫大于有证"。现我专从家庭住宅的设计布局出发，用杨筠松的玄空风水学理结合城乡住宅结构来进行回顾性浅析中国在下元六运（1964 年–1983 年）、七运（1984 年–2003 年）之四十年中所产生的时势。

巽（东南）	离（南）	坤（西南）
震（东）	中	兑（西）
艮（东北）	坎（北）	乾（西北）

根据室内日照和通风的要求，早期的住宅多是采用坐北向南（即风水中的子山午向，及偏西 12 度左右的癸山丁向，因它与子山午向所起得的宅命盘是一样的，在此就不另作分析了，还有偏东 12 度的壬山丙向）。大门一般都开在向旁的巽或坤宫及居中向首离宫，根据《玄机赋》所云："气口司一宅之枢"，因门为宅口，气由此入，又名"气口"，意思是说大门是全宅之人

的出入口，也是外界先天气的进入口，是全宅受气之位。若气口开于吉方，则门纳生旺气以吉论；但若开于凶方，则门纳衰死气以凶断，故门所纳之气的旺衰能影响全宅之吉凶。

下面就把子山午向、癸山丁向的六运宅命盘，依次仅以其大门所在宫位来进行分析：

一、六　运

子山午向、癸山丁向

1　2 五	6　6 一	8　4 三
9　3 四	2　1 六	4　8 八
5　7 九	7　5 二	3　9 七

巽宫是山星一白坎水犯下水，表智障；运星五黄土，表僵固；向星二黑坤土，表平均。五黄和二黑为煞星，其双重土克制且混浊一白水，故大搞平均主义，挫伤人们的生产积极性，使人的思想僵化，失去创新能力。

坤宫是运星三碧震木，表文人、走动；向星四绿巽木，表文化、蛇；山星八白艮土，表肠胃、帮派、传统、牛，进气之山星八白不但犯下水，还被三碧和四绿合克，故发生三年自然灾害，人们食不果腹，对传统文化破“四旧”，对知识分子视为“牛鬼蛇神”，“四人帮”毒瘤祸国殃民，广大城市青年上山下乡。

离宫是运星一白坎水，表忧虑、陷害、流放、坚心；山向飞星都是六白乾金，表领导、刚直、因果、公德，这种双星同宫的格局，势必不合山向飞星的动静之说，会出现命运的波浪起伏。此处开门，则犯山里龙神下水之凶应，因山星主人丁之安危、事业之兴衰，且与运星一白成先天合，这种合的现象能强化其吉凶之意。故而有许多开国元勋具忧国之心反遭陷害、诤言良语反受其罪，一大批老干部被批斗、流放、改造，历经重重磨难。幸好水里龙神正合吉应，故最终拨云雾而见天日，得到平反昭雪，重掌权柄。

南方的台门院落和北方的四合院式的住宅，都设有东西厢房且大门多开在中间（其中卯酉与乙辛线向的宅命盘是一样的，甲庚线向的大门所纳飞星与所例举的线向在卦意上有重复，在此就不赘述了），按风水上的“物物一乾坤，宫宫一太极”原理，则东边的厢房为卯山酉向或乙山辛向，门开兑宫是当令山星六白犯下水，衰死向星一白；西边的厢房为酉山卯向或辛山乙向，门开震宫是山星六白与运星四绿成反吟凶局，向星二黑。由于其飞星组合更凶，故而六白乾金表官刑、一白坎水表血光、八白艮土表坟墓、四绿巽木表入侵、二黑坤土表病符，故而不少老一辈革命家深受迫害，身心受到摧残，有的甚至含冤而死。

东边厢房为 卯山酉向 / 乙山辛向

3 7 五	8 3 一	1 5 三
2 6 四	4 8 六	6 1 八
7 2 九	9 4 二	5 9 七

西边厢房为 酉山卯向 / 辛山乙向

7 3 五	3 8 一	5 1 三
6 2 四	8 4 六	1 6 八
2 7 九	4 9 二	9 5 七

同样的飞星组合，由于所居之人身份、地位的不同，其飞星对应之卦象就不同，所应验的吉凶也就不一样。对普通百姓而言，六白乾金表钢铁、一白坎水表痴迷、八白艮土表停止、四绿巽木表流浪、二黑坤土表盲从，因而发生了一系列如迷信崇拜伟人、大鸣大放大串联、大炼钢铁等现象，其结果是使整个国家停止生产而搞得一穷二白。

下面就对六运的壬山丙向之宅命盘，以其大门所在宫位进行阐述：

壬山丙向

3 9 五	7 5 一	5 7 三
4 8 四	2 1 六	9 3 八
8 4 九	6 6 二	1 2 七

巽宫是山星三碧震木，表激进、新生；辅弼向星九紫离火，表红色、戈兵；运星五黄土，表伟人、底层，为此出现了被伟人称为又红又专的红卫兵，崇尚文攻武斗，广大贫下中农翻身作主得解放。

坤宫是运星三碧震木，表萌动、反生；向星七赤兑金，表革新、经商，其为生气星，本应以吉论，但由于山星五黄通中宫二黑坤土，因二黑表自私、封闭，它和五黄都为凶煞星且又有土多金埋之象，故而整个国家闭关自守，对萌芽的个私经营进行扼杀，以“割资本主义尾巴”论之。

同样的飞星组合，由于在合化时衍生出不同的五行，其吉凶论断就会发生变化。七赤先天是火和二黑又合化为火，且得三碧木之助。五黄为窑灶，七赤为兵戈，二黑为百姓，三碧为大路，因金需火炼才成器，故而当兵成为百姓生活的惟一出路。

离宫是生气山星七赤兑金，表诽谤、决裂；由于五黄能通中宫之气，就可把向星五黄视为一白，其与表危机、分心的运星一白成伏吟，因此造成人与人之间人心向背、噤若寒蝉，大字报、大辩论、造反有理也成了当时的写照。

时移境迁，蒋大鸿在《天元五歌·论阳宅》云：“三元兴衰是真踪，运遇迁流宅气改。”《紫白赋》云：“三元分运，判盛衰兴废之时。总以气运为之君，而吉凶随之变化。”玄空风水是注重以天时元运的变化来推算地理气运之消长兴替的，即同一个地方，因元运之变化，其吉凶的显示也随之变化，这就是所谓的“风水轮流转”。

玄空九星，衰旺皆由运，吉凶皆因时，就是说每颗飞星在不同的元运当中，其吉凶的性质是会改变的。若当运则为生旺为吉星表吉象；失运则为衰死为凶星呈凶象。

盖吉凶原由星判，而隆替乃从运分。至七运时（即 1984–2003 年），六运的子山午向或癸山丁向之宅命盘中，巽宫和坤宫都由原本所纳的煞气变成了辅弼吉气。故而一进入七运，巽和坤二宫原本以凶论的飞星，因元运的变迁使星气发生改变而以吉论。巽宫山星一白坎水，表流通、意识；向星二黑坤土，表二个、陈旧，正适提倡实事求是，打破二个“凡是”论，使人们的思想逐渐解放。坤宫向星四绿巽木，表曲直、教化；山星八白艮土，表少年、良好；表新生、恢复的运星三碧震木既与向星成阴阳相配，又与山星成先天合，这种吉利的组合正应国家恢复高考制度，莘莘学子重返校园，遵守“五讲四美”，争做“四有”新人。

六运的壬山丙向之宅命盘中巽宫原本是死气的向星九紫变成了进气吉星，坤方属生气的向星七赤变成了当令旺星。步入七运，巽宫山星三碧震木，表新生、上进、文化；向星九紫离火，表光明、脱颖、热情；运星五黄土，表能人，其组合正符《玄机赋》中的“震阳生火，雷奋而火尤明”。坤宫向星七赤与运星三碧合十，向星合十主做事顺利、广结人缘、发财致富，使本是土多金埋的凶象也变成了《玄空秘旨》中：“富并陶朱，断是坚金遇土”之吉应。因此，国家大刀阔斧推行改革开放，知识成了第一生产力，呈现出百废待兴，百业兴旺，欣欣向荣的景象，涌现出一大批时代的弄潮儿。

时来运转，在六运转入七运之后，正逢我国改革开放之际。随着老百姓生活的日益提高、日趋丰裕，对旧居拆旧翻新、粉饰装璜，使其随之改换成新运；同时房地产开发迅猛发展，多层公寓如雨后春笋般蓬勃而起，应运而生。下面我就用七运再对上面的七个山向之住宅，以其大门所在宫位进行阐述：

二、七 运

子山午向、癸山丁向

4 1 六	8 6 二	6 8 四
5 9 五	3 2 七	1 4 九
9 5 一	7 7 三	2 3 八

巽宫是山星四绿巽木犯下水，表风流、靓女；向星一白坎水，表轻浮、淫欲，其四一组合正符《飞星赋》中的“四荡一淫”，主沉迷于风流韵事。运星六白乾金，表老头、权钱，其既与山星四绿犯反吟又与向星一白成先天合，由此出现女孩傍大款、老头包二奶等畸形现象。

又一白表胎孕、血光；四绿表贞操、快速；六白表器械、车辆，由此未婚先孕及堕胎之事司空见惯；恶性交通事故层出不穷，给不少家庭带来许多不幸。

又一白为阴陷，四绿为贸易，六白为金钱，在日常生活中，老百姓经常碰到受骗上当的事件；在商业活动中，尔虞我诈的现象屡见不鲜。

坤宫是向星八白艮土，表房屋、走动；山星六白乾金，表领导、首位；运星四绿巽木，表文化、教育，倡导教育先行成了国家头等大事；教师从政，学者型干部走上重要岗位；“四化”建设成为切实可行的目标；老百姓热衷于投资房地产。

离宫是向星六白乾金，表长辈、事业、金钱；山星八白艮土，表背离、隔阂、农民、小孩，其与表碗锅、平分、数代的运星二黑坤土成反吟，因此会出现农民背井离乡，外出打工；同时随着改革的深入，工人不再吃大锅饭，铁饭碗被打破；体制转换导致许多职工下岗转业；新生代与老一辈思想观念产生代沟；四代同堂的现象发生变化，分家独户已见平常。

近期开发的一梯两户式（指两户相对）多层公寓，应以自家大门来定向为主，下面就简要分析东西对称的公寓住宅：

卯山酉向、乙山辛向

6 1 六	1 5 二	8 3 四
7 2 五	5 9 七	3 7 九
2 6 一	9 4 三	4 8 八

酉山卯向、辛山乙向

1 6 六	5 1 二	3 8 四
2 7 五	9 5 七	7 3 九
6 2 一	4 9 三	8 4 八

东边的住宅为卯山酉向或乙山辛向，门开兑宫是当令向星七赤兑金，表阅览、愉悦、嘴巴；山星三碧震木，表文人、好动、爱心，故而人们博览群书，兴趣广泛，重视理论与实践相结合；高学历、高文凭为青年人所崇尚；唱歌、跳舞、旅游、饮食等休闲娱乐成时尚；人们爱心涌动，慈善事业得到发展。

西边的住宅为酉山卯向或辛山乙向，门开震宫是当令向星七赤兑金，表医生、金银、媳妇、电器；山星二黑坤土，表天医、珠玉、母亲、平等，人们对医学保健和健身运动的意识得到加强；热衷于戴金佩玉以此荣耀；各种家用电器得到普遍应用；婆媳关系从过去的隶属关系逐步趋向平等与关爱。

壬山丙向

2 3 六	7 7 二	9 5 四
1 4 五	3 2 七	5 9 九
6 8 一	8 6 三	4 1 八

巽宫是山星二黑坤土，表母亲、寡；运星六白乾金，表父亲、孤；其本

是阴阳相配、五行土金相生之大吉组合，但因二黑为辅弼吉星犯下水，且与属煞气的向星三碧组合如《紫白诀》中所云“斗牛煞起惹官刑”，故离婚成了社会普通现象。

又二黑表虚假，三碧表文书，六白表金钱，表示假冒伪劣产品日益盛行；各种经济合同纠纷日益增多。

此方为三重城门，形气相宜时以吉断。山星二黑坤土，表土地、车辆、书籍；向星三碧震木，表道路、发展、纤维，土地承包到户，解决了温饱问题；要致富先修路，交通运输迅猛发展；鲜艳的服装和精美的书籍，满足了人们的爱美之心和精神食粮。

坤宫是向星五黄通中宫二黑坤土，二黑表病符；进气山星九紫离火，表眼睛、漂亮；运星四绿巽木，表文化、服装，故许多有文化有知识的人由于勤奋好学等原因，导致眼睛近视。

又因九紫与四绿是先天合化为金，金主钱财，故教育培训、衣着美容成了老百姓第一大日常生活消费开支。

离宫山向飞星都是七赤，这种双星同宫的格局，往往会有财丁二难全的意象。七赤兑金表妓女、博彩、吸食、肺部、偷盗；二黑坤土表博爱、赌具、病毒、贪心，由此衍生出色情、赌博、吸烟、偷盗等社会公害，人们笑贫不笑娼，赌博成风，老百姓深受被偷被盗之害，青少年中吸烟成为时髦，甚而吸毒现象也时有发生。

纵上所述，正是一家一户的小风水，形成了一个国家的大风水。由此可见，每个年代所发生的事情都是与风水有息息相关联的，虽说风水不能决定一切，但风水至少能起到一定的影响。如果能重视风水，善加利用，尤其是在现代建筑中加入合理的风水理念，于国于民都是一件大好事。《飞星赋》云：“人为天地之心，凶吉原堪自主；易有灾祥之变，避趋本可预谋。”意思是说：人立于天地之间，在受到天时运行和地势环境的影响下会有吉凶感应。如果能事先得知玄空飞星的旺衰而测算出祸福之变，再运用智慧来充分发挥人的主观能动性去改造不利处以顺应时空规律，就能达到趋吉避凶的效果。

2004 年版的《健康住宅建设技术要点》中讲道："住宅风水作为一种文化遗产，对人们的意识和行为有深远的影响。它既含有科学的成分，又含有迷信的成分。用辨证的观点来看待风水理论，正确理解住宅风水与现代居住理念的一致与矛盾，有利于吸取其精华，摒弃其糟粕，强调人与自然的和谐统一，关注居住与自然及环境的整体关系，丰富健康住宅的生态、文化和心理内涵。"

古人云："明者远见于未萌，智者避危于无形"。展望八运，开创未来。国家在建设和谐社会的同时，应顺乎潮流，合乎民意，重视传统文化。风水的当代意义，正是体现在如何构建和谐的人居环境，来实现"以人为本"的居住理念。简而言之，风水就是根据时间与空间相互作用而产生的吉凶，通过人的意志主动性之发挥，以把握对环境的调整，从而将天人地三才进行协调，以达到身心安康，人生顺意，事业兴旺，社稷昌盛。

社会和谐是国家富强、民族振兴、人民幸福的重要保证。目前党中央在构建和谐社会时已经把如何创建和谐家庭作为头等大事来做了，因为只有有了和谐的家庭，整个社会才会和谐起来。

那么，如何构建和谐家庭呢？执政者应该考虑的方面有很多，笔者只是个风水学者，仅能从家居风水方面尽我的绵薄之力，让传统的玄空风水为构建和谐社会添砖加瓦。

第七章　名人故居风水考

第一节　开篇言

“鉴湖越台名士乡，忧忡为国痛断肠。剑南歌接秋风吟,一例氤氲入诗囊。”这是当代伟人毛泽东对绍兴历代人才状况作了经典性的概括，而且首次赋予绍兴“名士乡”称号。

绍兴之所以能获此殊荣，是因为自古以来，从虞舜夏禹到卧薪尝胆的勾践；秦汉以后，古唯物家王充、一代书圣王羲之、爱国诗人陆游、心学大儒王阳明、画坛怪杰徐渭……至近代巾帼英雄秋瑾、学界泰斗蔡元培、文坛巨匠鲁迅、开国总理周恩来、史学大师范文澜等一代又一代名人贤士为古城绍兴树起了一座足以让世人仰慕的名人文化丰碑。一部《二十五史》，为227位绍兴人列传。一部《四库全书》，收录了112位绍兴人的164种著录提要。以至在北京世纪坛入选的40名中华文化名人中，绍兴籍就有4名，占了全国的十分之一。

名人现象是绍兴这座历史名城的亮丽风景，名人文化是绍兴文化独具特色的魅力所在。那么作为名人文化的载体、历史积淀见证的名人故居则是名人出生或生长之处，是伟人起步的地方，正是故居的顺风顺水孕育了他们的灵气、风骨及其杰出才华，赋予了其一生的光辉成就。

本人冠元，生于绍兴，长于绍兴，对家乡的名人风采风范从小就耳濡目染，详熟于心。敬仰之余，萌发了些许天真的想法，试图以自己的一些雕虫小技去探寻伟人名家的人脉根源。我痴迷当年因陶醉稽山鉴水而定居在绍兴的“一代地仙”蒋大鸿的玄空发展之术，通过多年来对其风水学理的研究和实践，现对保存仍较完善的名人故居进行回顾性分析，从而挖掘和弘扬玄空风水，为实现传统文化的复兴和创建和谐社会的体系作出自己微薄之力。故而，特写徐渭、蔡元培、秋瑾、鲁迅的故居风水考等四篇。

中国博物馆学会张文彬理事长认为，名人故里是营造历史名人成长的生活环境，在研究他们时，绝不能抛开其生长的区域环境。当你慕名来到绍兴，有谁不希望走进这些名人的故居，去亲自领略名人的风采，去实地探寻伟人成长的奥秘和踪迹呢？本人希望以此拙文能给旅游者和方家术士起到铺路架桥的作用。

在写作之前，本人得到了徐韶杉先生的提议。在写作过程中，周军先生为我提供了许多相关资料，采用了曾广兴和冒继杰二位先生的悟创心得，在百忙之中抽出时间对拙稿作了不少润笔的金亮先生，在此，一并表示衷心地感谢！

限于本人学识浅陋，不足之处所在多有，敬请方家与读者批评斧正！

第二节　青藤书屋

青藤书屋，坐落在绍兴市区前观巷大乘弄内，包括庭园和书屋，是明代杰出的文学家和书画家徐渭的出生地和读书处，也是中国绘画史上青藤画派的发源地。它原为徐氏故宅，初名榴花书屋。在明正德十六年农历二月初四（1521 年 3 月 12 日），徐渭出生于此。

青藤书屋现占地接近一亩，东西皆临街巷里弄。石库大门开在东边，南北二面均与民居毗邻，四周筑有乌瓦粉墙与外界隔绝，以求闹

中取静。整体布局以书屋为中心，有东园、天池、北园三个错落有致的景观。进门即为东园，卵石小径，委曲婉转。园内贴书屋有一砌自人工而近于自然的假山，山上缀有苍松翠柏，山旁植有芭蕉石榴，墙上镶嵌徐渭手书“自在岩”砖刻一方，园中翠竹一片，桂树、银杏若干，兰花清香缕缕，给人一种清幽脱俗、极富情趣的意境。

青藤书屋东园

穿过月形门来到天池，映入眼帘的便是枝干蟠屈、大如虬松、叶繁呈帚形的青藤，犹如泼墨之“笔”；所辟天池，为石砌小池，方不盈丈，徐渭称此池通泉，深不可测，天旱不涸，若有神异，因此取名“天池”，其池水象“砚”；水池中有一似“墨”的方形石柱，卓尔独立，镌有徐渭手书“砥柱中流”四字；书屋中临天池而建之前室即是徐渭的书房，面池整排花格长窗一溜到底，恰似一张张“纸”，从而形成“笔、砚、墨、纸”传统文房四宝齐备之格局，这样的环境形态对人能起到陶冶灵性，增益才气的效应。房内临窗的书桌上面置有用于书画创作的文房四宝，上方悬徐渭手书“一尘不染”匾，笔墨酣畅，潇洒自如，展示了徐渭超凡脱俗的高洁品行。

书屋后是空间很小的北园，园内植有二枝丹桂，金秋时节，沁人心扉。围墙边置有盆栽，给人增添韵味。这三个景点都为书屋创造了环境清静、布局典雅的气氛。

徐渭在此生活、读书长达20余年，后因家道中落几度迁居他处，而徐渭仍念念不忘于少时在西南墙角种植的青藤，并深慕青藤长在荒丘顽石之中却生命不息的孤傲奇倔之品格，亲绘“青藤书屋图”作为纪念，自题“几间东倒西歪屋，一个南腔北调人”，且每以“青藤道人”为号，一直沿用此名。至70岁时，作《题青藤道士七十小像》，诗云：“吾年十岁植青藤，吾今稀年花甲藤。写图寿藤寿吾寿，他年吾古不朽藤。”

青藤书屋“天池”

老子曰：“人法地，地法天，天法道，道法自然”，风水学崇尚的是人与自然的协调和谐。又曰：“有物混成，先天地生，寂兮寥兮。独立不改，周行不殆，可以为天下母。吾不知其名，字之曰‘道’。”灌耕在编译的《现代物理学与东方神秘主义》中讲道：“在中国哲学中，道只是隐含着场的概念，而气却明确表达了场的思想。”本人通过对“道”字的剖析：道字上面的二点犹如阴阳二气，下面的一为合一，自为自然界，辶为运动。就是说自然界中的万事万物，都是通过阴阳二气冲荡才化合为一体的。古人所讲的道场，即现在我们所讲的气场。按中国道家的理论来讲，“气”被视为是天地万物的最基本构成单位，是万物生成之源。东汉的王充在《论衡·自然》中言：“天地合气，万物自生。”明末清初的宋应星在《天工开物》的论气·形气篇中说：“盈天地皆气也”，并进一步指出动物、植物、矿物都是“同其气类”。

现代科学已证实，植物是有感情有意识的，这一重大发现印证了先哲提出的“万物皆有灵”之说，它说明人和植物生活在同一时空，彼此所染，同频共振，这是宇宙客观规律的自然反映。1966 年，美国的巴克斯特对 25 种不同的植物进行试验后，认为：“植物和它的养植者之间似乎可以建立一种特殊的感情交流和共鸣的关系，这种关系并不因距离的远近而受影响。”1988 年，苏联科学家发现一切物体的周围都有一种看不见的雾状——粒子场，人体有，建筑物有，植物也有，在这种粒子场的作用下，各物体的微粒子能够互相影响、互相转移变化。

徐渭于 21 岁入赘潘家，之后书屋也数易其主，但由于其对书屋内亲手种植的青藤有着特殊的感情，故而书屋的风水通过青藤物理仍对他起着潜移默化的作用。测得书屋的立向刚好在山与山的交会线上，这在风水上称为小空亡线，谓“阴阳差错”，主欲进不能、欲退不得、威权不立、声名不振、举措乖张、是非冲突、虚掷心力、毫无寸功、怀才不遇的败局。徐渭生性狂放，才情过人，天资聪慧。他在青少年时，就才学出众，闻名乡里，是“越中十子”之一。他 20 岁中秀才，但却先后八次应乡试，都落空而归，与功名无望。1546 年冬，与他相濡以沫的元配潘氏，竟以 19 岁的年华离世。1559 年夏，徐渭再入赘王家，但此次婚姻至秋即散。徐渭曾参加过抗倭战争，因谋划有方，被总督胡宗宪提拔为幕僚。

可惜好景不长，因从 1564–1583 年行中元四绿运，根据玄空理论：“四绿运时以东南方为正神，但正神方见水则为正煞凶水”。而在其书房的东南方之辰位有一口古井，蒋大鸿在《古镜歌·井》中云：“井绳虽小气冲天，掌诀挨星不可愆。”井为有源之水，光气凝聚而上腾，在衰死克煞方，主凶祸。《飞星赋》云“辰碎遭兵”，因辰为天罡，犯之主遭官刑。东南方对应于八卦中的巽位，巽卦表迷惘、神经、癫狂、反复。故而徐渭在 1565 年因惧胡宗宪之冤案受牵连，一度惊狂，先后九次自杀未遂。在 1566 年冬，终在幻觉中杀死了继妻张氏而入狱七年，备受煎熬。至 1573 年，流年飞星为四绿入中，六白到兑宫（据考证，书房之西方兑宫时为可出入之门，现门已封，此处挂有“牵萝补屋王玉瑛，因树作堂陈老莲”的对联[①]），六白为乾卦，表帝王、大德，此年徐渭由张元忭趁大赦而保释出狱。

3	8	1
2	4	6
7	9	5

1573 癸酉年，流年四绿入中

盈满则亏，否极泰来。徐渭在屡遭挫折之后，由“疑佛谤经者”转而关注佛道理说，先后注解了魏伯阳的《周易参同契》、郭璞的《葬书》及古经《首楞严经解》、《素问注》。他随后抛弃了世俗的尘念，以空静无为的心境纵情于名山大川，致力于书画诗文，开始艺术创作的鼎盛时期，自语：“吾书第一、诗二、文三、画四”。书屋的空亡线更促使他天马行空、放纵肆意、随心所欲、气势纵横、匠心独创泼墨大写意的绘画风格，成为中国山水花鸟画发展中的里程碑，是青藤画派的鼻祖。

清朝“扬州八怪”之首的郑板桥曾给自己刻了一枚“青藤门下走狗”的印章，近代艺术大师齐白石也叹道：“恨不生三百年前，为青藤磨墨理纸。”足可见徐渭对后世影响之大，而作为徐渭一生钟爱的青藤与其物理行合，成就显著，流芳百世。

注：①根据陈庆基《光德酬唱录》记载，清代越中诗人孙垓在诗中提及青藤书屋原有此联。王玉瑛即王端淑，系明末著名理学家王思任之爱女，为一代才女，曾在青藤书屋寓居。陈老莲即明末清初著名画家陈洪绶，亦在青藤书屋居住近二年。

第三节　蔡元培故居

在古城绍兴有一条因王羲之毛笔飞落在此而得名的笔飞弄，在这条窄窄的、悠悠的仍完整地保留着当时生活原貌的古弄堂内，曾诞生过一位在我国新旧交替时期起承前启后，对近代政治、教育、科学、文化各方面产生过重大影响的伟人——蔡元培。

蔡元培故居有门厅、大厅、座楼共三进，每进之间均是石板铺就的天井相联，占地面积1856平方米。大门是用黑漆竹丝做成，其两边伸出之围墙使门呈内凹之形，这样有利于吸纳来气。左右来往的巷道在风水上称为横水，横水即横财也。而故居之门是临巷而建，则为横财就手，主大利从事经商贸易之道。

进入门厅悬有黑底金字的“翰林”匾额，是蔡元培考上进士被清政府任命为翰林院编修后所赐。由于门厅与大厅、座楼的主体建筑不在同一轴线

上，其间有个转折，故而过门厅通往大厅的前天井特别开阔，加之四周筑以高大的砖墙使得由天空射入的光和由门口吸入的气能囿于其内，此处为坐西北向东南，测得是戌山辰向下卦。它与里边的坐东北向西南的大厅（测得是丑山未向兼线）都是其祖父蔡廷桢于下元九运的道光年间购置。

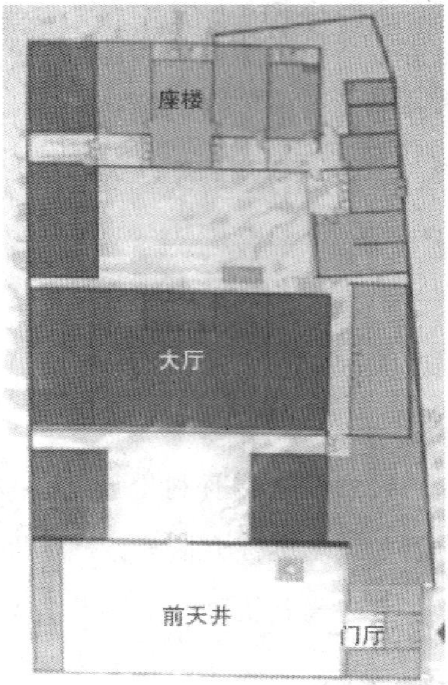

蔡元培故居平面图

下面就从前天井、大厅所排得的宅命盘来综合分析宅中所居之人的得失兴衰。

9 9 八	5 4 四	7 2 六
8 1 七	1 8 九	3 6 二
4 5 三	6 3 五	2 7 一

戌山辰向的前天井

9 7 八	5 2 四	7 9 六
8 8 七	1 6 九	3 4 二
4 3 三	6 1 五	2 5 一

丑山未向兼线的大厅

蒋大鸿在《天元五歌·论阳宅》中云："门为宅骨路为筋，筋骨交连血脉均。"它指的是作为收气之口的门和引气之神的路，对宅中风水的吉凶能起到主导作用。若阳宅中的门、路都处于吉位且相连，方能气脉贯通是为吉。根据前天井的戌山辰向下卦来看，大门在巽方是纳当令旺星九紫火，通往大厅的路在坎方是引动向星三碧木，此向星三碧既是辅弼吉星又与旺星九紫成木火相生，正合《玄空秘旨》中的"位位生来，连添财喜"。再以大厅的丑山未向替卦来看，厅的正门是开在坤方，所纳为当令旺星九紫火，故而正如《蔡元培自述》中所说：其祖父为当铺经理，先父为钱庄经理，二叔为绸缎店经理，四叔亦经营钱庄任经理，五叔、七叔为钱庄副经理，六叔做塾师。但在1877年6月23日，其父亲去世，随后他们这一房就陷于困苦，而不多几年，其二叔父、五叔父、七叔父先后失业，即同住一弄的亲戚家，也渐渐衰败起来；其同胞兄弟四人，四弟早殇，其有两姊，均在20左右病故，其有一幼妹，亦早殇。

为何会有如此大的强烈反差呢？《紫白诀》云："紫白飞宫，辨生旺退煞之用；三元气运，判盛衰兴废之时。"在《玄空秘旨》中也言："乘气脱气，转祸福于指掌之间。"就是说，根据宅命盘中飞星的生旺衰死，则可立见吉凶祸福之应。因为从1864年至1883年行上元一运，原先大门和正门所纳得的当令旺星九紫已变退气之星。更为严重的是，这二个宅命盘又同时在上元一运犯山星入囚，山主人丁、主事业，也主贫穷。故而家道由盛而衰是为确应。

凡是富贵之宅，也有出愚顽之子；即使贫贱之屋，亦能产智贤之士。因蔡元培的祖父在儿子长大后，于上元一运的同治年间在大厅后加盖了与其同一轴线（经本人测后相差1度）中五楼五底的座楼。蔡元培之父蔡宝煜是长房，居于东南首一楼一底，上为卧室，下为起居室。同治六年（1867年）十二月十七蔡元培就出生在楼上。蒋大鸿在《天元五歌·论阳宅》中云："夫妇内房尤特重，阴阳配合宅根源。"盖夫妇内房为继祖承祧之所、生儿育女之处，宜形气合局得时以乘生气，是产贵子佳女之至要。但仅凭这是不够的，因为即使是同样的住宅，父母所生的子女之性别及其人生际遇是完全不一样的，这必须要从所主人物在出生时的飞星太岁、年命所到之方结合其对应宫位的形气综合参断。卧室测得为戌山辰向下卦，蔡元培为丁卯年生人，居于震宫，门开在震宫之甲山城门方，此方飞星所对应的病伤感应越甚，其日后造化则越大。此宫纳得山星四绿、辅弼向星七赤，这二颗山向飞星所代表的卦意为：

四绿木：手脚、教化、廉洁、漂流、高度、进退

七赤金：刀具、改革、教师、交流、新生、自由

3 8 九	7 4 五	5 6 七
4 7 八	2 9 一	9 2 三
8 3 四	6 5 六	1 1 二

戌山辰向的卧室

蔡元培故居中五楼五底的座楼

少时的蔡元培奉母至孝，在母亲生病时，曾偷偷割下臂上的肉，和在汤

药里，喂给母亲喝，以期母病愈。蔡元培在辛亥革命胜利后，首任民国临时政府教育总长，提出德、智、体、美全面发展的教育方针，是我国近代教育的创始人。1917 年，出任北京大学校长，提倡“思想自由、兼容并包”的办学方针，支持五四新文化运动，将腐败不堪的旧北大，改革成为生机勃勃的新北大，使其成为新文化运动的摇篮和五四运动的发祥地。1928 年，组建中央研究院并任院长，建立了多种学科的研究所，为国家培养了大批近代科学家，开创了我国近代科学研究的新局面，奠定了我国近代科学的基础。他学贯中西，先后六次出国留学，考察长达十余年，足迹遍及欧美等十余个国家，为中西科学文化交流作出了重大贡献。美国著名学者杜威语：“拿世界各国的大学比较，牛津、剑桥、巴黎、柏林、哈佛、哥伦比亚等等，这些校长中，在某些学科上有卓越贡献的，不乏其人。但是，以一个校长身份，而能领导那所大学，对一个民族，一个时代起到转折作用的，除蔡元培而外，恐怕找不出第二个。”他还被毛泽东誉为“学界泰斗，人世楷模”。

下面再来分析座楼，此座楼为丑山未向下卦，排得其宅命盘如下：

5　6 九	9　2 五	7　4 七
6　5 八	4　7 一	2　9 三
1　1 四	8　3 六	3　8 二

丑山未向的座楼

根据蒋大鸿著的《归厚录·阳基篇》云：“宅气敷形，四倚之地，大势易照。”《阳宅十书·论宅外形》也云：“人之居处，宜以大地山河为主，其来脉气势最大，关系人祸福最为切要。”故居周边都是接檐连栋的民居，只有在其艮方有一座身阔形圆、顶呈波浪、形似笔架的蕺山，依风水术中以形体论五星，则为金水形，它又生助筑在其上为木星紫气的文笔塔，主必出贤才之应。

更为难得的是，蕺山位于宅命盘中的艮宫，为当令山星一白飞到，其与成连珠三般卦组合之震宫中的山星六白为先天合，且与坎宫之大滩湖水遥呼相应。山主仁，水主智，这种傍山邻水的格局将造就其为仁义、智慧之士。现就阐述艮宫八白和山星一白、六白所代表的卦意：

八白土：分界、守正、团结、全力、和平

一白水：智慧、忧虑、坚实、漂流、官星

六白金：祖国、积极、成果、良知、尊敬

《风水正宗——地理小补》云："天气地形，两相交感，而人寓乎形气交感之间，则钟灵毓秀以无穷矣。"出身科举，为清末翰林的蔡元培，在接受西方资产阶级思想后，积极参加反清革命。1904 年，他组织光复会任会长。次年参加同盟会，任上海分会主盟人。抗战期间，提出"中国为一人，天下为一家"，主张国共合作，一致抗日，并与宋庆龄等组织中国民权保障同盟，反对蒋介石的妥协投降政策，营救了大批共产党人和爱国人士。蔡元培一生为国为民、为教育、为学术、为人类和平进步事业，贡献了自己的毕生精力。周恩来对其一生的政治生涯高度概括为：

从排满到抗日战争，先生之志在民族革命。

从五四到人权同盟，先生之行在民主自由。

第四节　秋瑾故居

秋瑾，原名闺瑾，号竞雄，是辛亥革命时期杰出的民主革命家、妇女解放运动的先驱。在 1875 年 11 月 8 日（清光绪元年十月十一）出生于福建省的闽侯县，于 1890 年随父母回到绍兴福全老家。次年，其祖父秋嘉禾也从厦门卸任返绍，并典买下位于山阴县南门的一座建于明代的邸宅，其原是明代万历年间的东阁大学士、礼部尚书朱赓的旧居别墅中的桂花厅。

目前的故居由五进按原状陈列的正屋面南而筑，大门门楣上悬挂着辛亥革命元老——何香凝题写的“秋瑾故居”匾额。

此宅是明清时代绍兴民居传统格局中别具一格的台门式院落，它是由门斗、天井、堂屋、座楼、侧屋和后园组成。沿石阶步入大门，便置身于门斗内，绕过仪门穿过天井（又称明堂，略似北方的院子，主要是用于居室纳阳采光，也是宅内一方露天活动的空间）便是堂屋，堂前正中悬有一方匾额，曰“和畅堂”——乃出于秋瑾祖父所题。“和畅”者，盖语出王羲之杰作《兰亭集序》中“天朗气清，惠风和畅”句，但见笔融清冷、字迹挺拔，从中透出主人不凡的人格。

秋瑾故居的天井

秋瑾故居第二进“和畅堂”

这里是全宅的中心，是家庭聚议大事，接待宾客或举行红白喜庆等重大活动的场所，在此测得是子山午向兼癸丁，因秋瑾从少年时代起就居住在这里，时值上元二运。按蒋大鸿在《阳宅天元赋》中云：“生人食息之场，随呼吸而立应。”就是说，住宅是生人食息之场所，人的吉凶祸福是随住宅风水的好坏而立马感应的。排得其宅命盘如下：

子山午向兼癸丁

8 5 一	3 1 六	1 3 八
9 4 九	7 6 二	5 8 四
4 9 五	2 2 七	6 7 三

阳宅之法在审局察气，局有形局、格局和布局之分，气有生旺、死煞和辅弼之异。看风水考虑的是户外山水形势、室内各房的分布和物事的布置，再结合宅命盘中的飞星之气运消长来判定吉凶祸福。

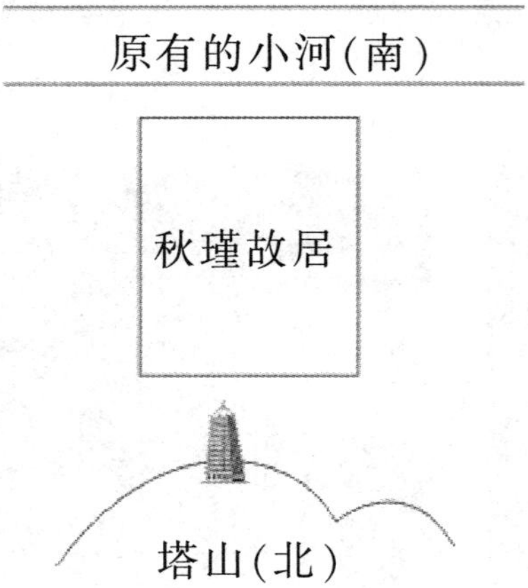

秋瑾故居南北示意图

和畅堂背后是一座小山，叫“塔山”，它是以山顶有古塔而命名的，位于北方的塔山对应于宅命盘中的坎宫$\overset{2\,2}{\text{七}}$，这种双星会坐的格局最宜宅后先有水后见山，其宅后进的庭院内置有水井，最后是筑有水池的花园。按玄空学理而言，当令的山向飞星二黑不但与塔山、井池是形气相宜，而且还同时与运星七赤成先天合，这大大地加强了其飞星的吉应组合。

下面再阐述这二颗飞星所代表的卦意：

二黑为坤卦，表母亲、吸收、公平、报刊

七赤为兑卦，表少女、革新、评论、刀剑

又二七是先天合化为火，火主离卦，表中女、心智、进化、烈性

风水所对应的吉凶应象在何人，一定要结合居住者的命理。秋瑾是1875年乙亥生人，其生肖亥居乾宫，乾宫山星六白为乾卦，表祖国、君子、积极；运星三碧为震卦，表发动、锐进、武术，且与向星七赤成后天合，而乾宫之向星七赤与坎宫之向星二黑又成先天合，其皆为阴星，表女性，故应验在其身上。

秋瑾从小就亲眼目睹列强对中国的蚕食，在其幼小的心灵里播下了抗击外强还我中华的革命思想。在回到绍兴之后，又深受卧薪尝胆、报仇复国的句践等先贤英烈的影响，少年时代的她，经常边读书习文，边练拳舞剑，在这样的人文和风水环境的双重熏陶下，促使她为了寻求救国真理，于1904年夏只身赴日本留学，积极投身到民主革命的洪流中，发起或组织以推翻清王朝，恢复中华为宗旨的实行共爱会、三合会等。她还创办了《白话报》，广交志士仁人，于1905年春加入同盟会。1906年初回国，先在绍兴明道学校，南浔浔溪女校执教。后去上海组织锐进学社，联络革命党人。同年冬，还创办《中国女报》，启迪民智，呼吁男女平等，鼓励广大妇女参加革命斗争。此时的她，浑身充满着“身不得，男儿列；心却比，男儿烈”的侠骨豪气，自号鉴湖女侠。

又因塔山上的古塔呈尖状，其所处坎宫的山向飞星为二黑坤卦，主未坤申三山，再根据人元龙排列，对应的是申，正好符合《飞星赋》中“申尖兴讼”的断语。七赤主口舌、脱离，故对其婚姻做出“开谈判离婚”这一惊世骇俗的做法。

和畅堂南沿原有一条小河，东西二头分别与府河、西环河相连。1907年春，秋瑾接任大通学堂督办后，还经常在堂屋接待来访的革命同志和召开秘密会议。

按三元九运来讲，从1904年起进入上元三碧运，蒋大鸿在《天元五歌·

论阳宅》云："三元衰旺定真踪，运遇迁移宅气改。"即风水的好坏当以三元衰旺之气运为凭，若时移运改则吉凶也随之而变。

和畅堂的正门开在离宫，纳得之气为山星三碧、向星一白。由于宅之大门是统全宅兴替之气口，这种当令山星犯下水的格局，违背了《青囊序》中"山上龙神不下水"的理念，因此，会有损人丁的凶象发生。

更为是，堂屋东首为秋瑾书房兼卧室，这是她运筹帷幄、摄气养神的重要区域。依据"一物一太极"之间极原理，测得房门为乙卯中线，这种线向在玄空学而言称为阴阳差错，主欲进不能、欲退不得、威权不立、声名不振、举措乖张、是非冲突、虚掷心力、毫无寸功。房门纳得申庚二山，犯驳杂，主小人作祟，事多反复。

2	7	9
1	3	5
6	8	4

1907 丁未年，流年三碧入中

秋瑾被捕是在 1907 丁未年，流年是三碧入中，与原局全盘山星犯反吟。房门又逢戊己大煞和五黄凶煞飞临，因而秋瑾惨遭不幸，悉为一一印证。"秋雨秋风愁煞人"是秋瑾就义前写下的绝命词，百年风雨，沧海桑田。

1907 年 7 月 15 日凌晨，秋瑾就义于绍兴古轩亭口。1930 年 3 月，由光复会会员、先烈同乡王子余先生等倡仪下，建立了秋瑾纪念碑。孙中山先生还特手书"巾帼英雄"四字。

芳魂忠骨，赢得后世瞻仰。"虽死犹生，牺牲尽我责任"。秋瑾用自己的一腔热血，凝成了一个非人工所能建造的真正的纪念碑，永远耸立在人们的心中。

第五节　鲁迅故居

鲁迅故居，位于绍兴城内都昌坊口，名曰：“周家新台门”。新台门原是周氏家族聚集而居的地方，约建于1810~1813年，是偏西15度坐北朝南向，为典型的江南台门式民居。

鲁迅家就在新台门的西首，为纵长式院落建筑，南北长90米，东西宽5~22米，占地1000多平方米。房屋皆为砖木结构，黛瓦粉墙，石板地面。室内陈设是按当年原样摆放，且不少家具和用品均属原物。1881年9月25日鲁迅诞生于此，他原名周树人，号豫才。至1898年去南京读书止，他在这里度过了童年和少年时代。1910~1912年鲁迅回乡任教至此后的数次回乡也在此居住，直到1919年举家迁往北京。

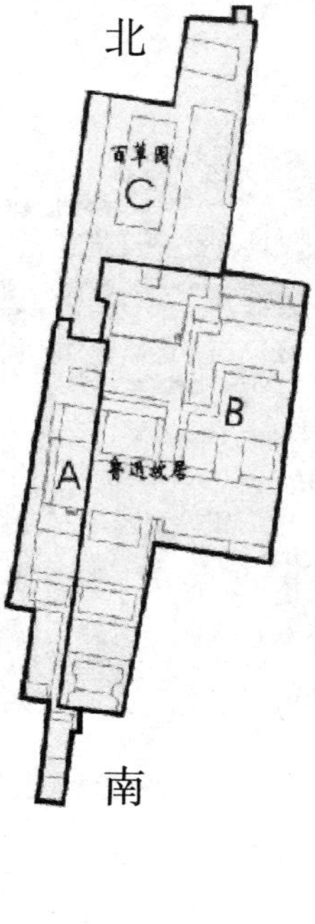

A：鲁迅家
B：周氏家族
C：百草园

绍兴素有“江南水乡”之称，城内河渠纵横，湖泊星布。传统文化中“智者乐水”的理念，使绍兴很多住宅都是依河而建。鲁迅故居就是前临张马河，后靠咸欢河，宅形呈前后窄，中间宽的纵长式，这活脱脱似一叶乌篷船在碧水中行驶。在风水学而言，这种宅形主家人离乡背井，出外发展。

蒋大鸿在《水龙经》中云：

“平洋只把水为龙，后绕前朝脉气钟”。由于龙脉之气显于外者为水，所以说平原地区宅居的吉凶是以河水来看的，若宅后有水兜抱，屋前有水迎朝，则为真气融聚之处，主发科名和富贵。鲁迅故居前的自西向东的张马河就是由从南向北的府河主流中分支出来的，还有一条分流出来的咸欢河在其宅后引成了一个如兜样的蓄水池，两河至庙河汇成一股向北流去。

鲁迅故居前面的张马河

鲁迅故居后面的咸欢河

可贵的是，这种地形格局恰恰又符合了蒋大鸿在《阳宅指南》中的："坎离之水二龙交，立宅中间甲第高"的断语。根据卦象来看：坎，居北方，五行属水，主出智慧之人；离，居南方，五行属火，主为文明之象。而离火性燥，有坎水调和相济，则如《玄空秘旨》所云："南离北坎，位极中央。"

鲁迅曾应教育总长蔡元培之邀，赴南京临时政府教育部任职，之后又担任过多所大学的教授。他虽然在组织上没有加入中国共产党，但他是一位名符其实的党外布尔什维克，是共产党人最可信赖的人。他为革命鞠躬尽瘁，积劳成疾，于 1936 年 10 月 19 日在上海逝世，终年 56 岁。中共中央得知噩耗，从延安发来唁电，尊称其为"最伟大的文学家，热烈追求光明的导师，献身于救国的非凡领袖，共产主义运动之亲爱的战友。"

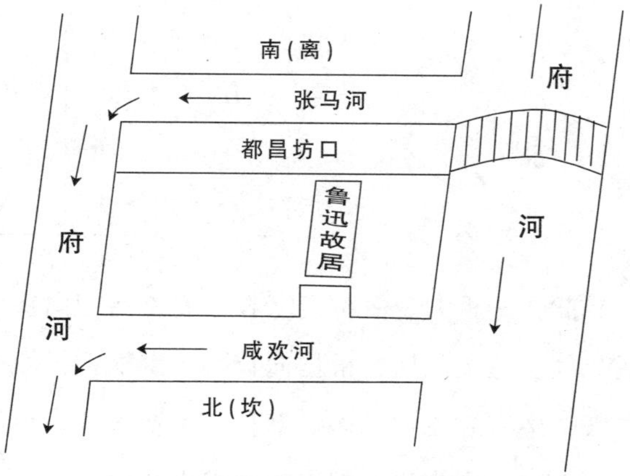

鲁迅故居周边平面图

鲁迅二弟周作人，在国民政府时曾任北京大学文学院院长，后误入歧途，出任日伪政权的国府委员等职。

鲁迅三弟周建人，历任浙江省省长、中共中央委员、全国人大常委会副委员长、全国政协副主席、中国民主促进会中央委员会主席等职。

凡是吉宅，也有衰败之时；即使凶屋，也有兴发之机。蒋大鸿在《天元五歌·论阳宅》中云："三元兴衰是真踪，运遇迁流宅气改"。可见，元运之变化是影响风水成败兴衰的关键！

鲁迅在少年时代，祖父因科场舞弊案下狱，后又父亲病故，家道从此没落。他由一个封建士大夫大家庭的长房长孙，变成了一个破落户子弟。家庭所遭受的一系列重大变故，也可从宅居格局中透析，下面我就粗略分析下建在下元七运的鲁迅家，其宅命盘如下：

癸山丁向

4 1 六	8 6 二	6 8 四
5 9 五	3 2 七	1 4 九
9 5 一	7 7 三	2 3 八

此二次重大变故都发生在上元二运，向首为山星八白犯下水、向星六白属死气、运星二黑，根据向首一星宰祸福的原理，可见其所纳之气全为死煞之气，主有志无伸、多病刑伤、家业破败。更为严重的是，此宅至二运时为向星入囚，则为祸最烈，主家破人亡。

祖父周福清的科场舞弊案在 1894 甲午年，流年七赤入中，与原局山星全盘犯反吟，又逢太岁到向首，经云："太岁为众煞之首，可坐不可向。"故此年祖父犯案坐牢。

父亲周伯宜病故在 1896 丙申年，流年五黄入中，与元旦盘全盘犯伏吟，又逢三煞到向首，故此年其父因病去世。

鲁迅家位于新台门的西侧，从盘上看，位于西方的兑宫是山星一白水、向星四绿木、运星九紫火，鲁迅生在属于上元一运的 1881 年，其家正好是当令山星一白所到之方，主出文贵之人。《玄空秘旨》云："木见火兮，定生聪明俊秀之子"；《玄机赋》云："名扬科第，贪狼星入巽宫"；《紫白诀》云："四一同宫，准发科名之显"。

再根据鲁迅出生的年份，是二黑入中，逢四绿飞到兑宫，比助原局向星。一白和四绿与运星九紫，既为后天合，又是先天合，这种双合的力量更加强了其飞星组合的吉应。

1	6	8
9	2	4
5	7	3

1881 辛巳年，
四绿到西方兑宫

下面就来阐述下这三颗飞星所代表的卦意：

一白水：智慧、忧虑、漂流、官星、坚实

四绿木：教化、文书、绘画、进退、宣传

九紫火：进化、光明、刚烈、战斗、虚心

从上述之卦意，结合鲁迅一生之经历便可知，他从 1898 年离开故乡，于 1902 年被官派去日本留学。之后有感于国内同胞的愚弱，认识到改变国民性的重要，便毅然弃医从文，从此投身于以文救国的道路，成为五四新文化运动的先驱者。他参加和领导了中国左翼作家联盟，中国自由运动大同盟和中国民权保障同盟等革命社团，还主编了《前哨》、《奔流》、《萌芽月刊》等刊物，同时致力于中外文化交流，倡导新兴木刻运动（版画艺术），尤其是如匕首似投枪的杂文，在反文化“围剿”中，作出了特殊的贡献，是中国现代文学的奠基人。纵观鲁迅一生，其性格刚韧、坚强，“横眉冷对千夫指，俯首甘为孺子牛”，是他一生的真实写照。

玄空风水讲究的是因形求气、因气察形、因星度象、以象推星，就是讲看风水时必须要形局和理气兼看，并且用飞星所代表的卦意配合山水物象来推算吉凶克应，只有相互配合运用，才能更准确地推断出吉凶之应。

鲁迅故居与位于其西方二里处的飞来山上之应天塔遥遥相应，此塔始建于东晋，明代重建，高 30 米，呈六边形，共七层，塔顶盖以铸铁覆盆，巍巍壮观，远远望去，犹如一支擎天巨笔，又像一盏导航明灯。在《阳宅三十则》中云：“塔呈挺秀之形，名曰：‘文笔’，在飞星之一四方，当运主科名。”其宅之理气组合正为$\overset{1\ 4}{\text{九}}$，且一白为水，四绿为笔，九紫为灯，这样的风水格局，促使鲁迅定能成为一代文豪。事实证明，鲁迅被毛泽东誉为："是文化新军的最伟大和最英勇的旗手"、"是中国文化革命的主将，他不但是伟大的文学家，而且是伟大的思想家和伟大的革命家"、"是在文化战线上，代表全民族的大多数，向着敌人冲锋陷阵的最正确、最勇敢、最坚决、最忠实、最热忱的空前的民族英雄。鲁迅的方向，就是中华民族新文化的方向。"

鲁迅无愧于"民族魂"的称号！

按： 风水不外理气和形势，科学不离时间与空间。科学的基本精神是尊重事实、尊重证据。用已发生过的事情去推断其学说的正确性，是一种科学的研究方法，我用玄空飞星对世事国运和名人故居作回顾性分析，是为验证其学理的正确性。

验往知来，不易之理，故验旧宅，是为明镜。风水界鱼龙混杂、真伪难辨，但能以此为圭臬，任他名师传人、诸家学派，真假立判。以"理正而有验者为明师，理悖而无验者为庸士"来择师学艺或延师相宅当无误也。

第八章　蒋大鸿与绍兴

第一节　蒋大鸿生平简介

蒋大鸿 (名珂，字平阶，号宗阳子，门人称其为杜陵夫子) 是明末清初的玄空宗师，他于万历丙辰（1616）年十二月二十七日辰时出生在松江县张泽镇。

蒋大鸿幼年丧母，中年丧父。自幼随先父安溪公学习地理风水之术，以形家为主。随着学识的提高，年少时即知世俗流行的风水是谬误的，但又不知道如何去更正。直至后来，到了思穷径绝的时候，才在方外之地获得无极子的风水真传。期间他还博采众长学习吴天柱的水龙法和武夷道人的阳宅法，并得到魏相国府的阳宅秘笈而自悟，这样又苦学了10年，才心眼洞开。之后，他开始游历祖国的大江南北，遍访古今的名墓大宅，充分验证其理论的正确性。这样又实践了10年，蒋大鸿才明白了风水之道的穷通变化和融会贯通，最后已臻化境成为震古烁今的一代地仙！

蒋大鸿在年少时跟从陈子龙学习诗词，受其影响以小令风格多作闺怨、咏物的诗词。在当时的“几社”中享有很高的声望。中期因亡国举事而漂泊四海，期间他的诗词多为情感宣泄，由小令转为长调，抒发忧国忧民的亡国之恨。

晚年的蒋大鸿因陶醉于绍兴的稽山耶溪而定居下来，据姜尧《从师随笔》记载：蒋公最后事迹是康熙五十三（甲午1714）年，为东关人沈孝子葬亲。自1616年推至1714年，其间计98年。故推其卒时，享寿已在百岁，后葬于若耶溪之樵风泾①。

蒋大鸿去世后的近300年来，多少痴迷于风水术的学子尽毕生精力研究蒋公遗作，如《地理辨正》、《天元五歌》、《阳宅指南》等，以陈子龙、蒋平阶为代表的云间派诗词更是现代词坛的研究热点。应该说，蒋公大鸿是集玄空派风水和云间派诗词于一身的国学大师。

本人冠元生在绍兴，长在绍兴，对于家乡的草木山水有着浓厚的感情。多年来痴迷于蒋公之学，通过对风水的研究与实践，深感在21世纪的开明社会，蒋公大鸿这位一生怀才不遇的旷世奇才之理论应该发扬光大，为创建和谐社会发挥其应有的作用。其尸骸葬于若耶樵风泾这一史实更是给绍兴提供了得天独厚的历史机遇，作为绍兴人，有责任将蒋大鸿文化发扬光大。

注：①据《嘉泰会稽志》记载：樵风泾在绍兴城东南二十五里的若耶溪中。据传汉太尉郑弘年少时曾在若耶溪边的山中砍柴为生。一次在溪边拾得一箭，不多会见有人来寻箭，郑弘当即把箭归还于他。寻箭者见其诚实不欺，聪慧可爱，便问郑弘希望得到什么？郑弘识其是神奇之人，便回答：经常遭受若耶溪中运载柴草不便之苦，但愿若耶溪晨起南风，傍晚吹北风，以利山里人运舟载柴货之便。神人点头含笑称是，飘然而去。此后，果然在溪中出现了这种如人意愿的溪风。其后，村民长此依随风势运舟，皆大欢喜，有口皆碑，这一传说也就产生了深远的影响。

第二节　历史文献中对蒋大鸿的记载

由于蒋大鸿是反清复明的义士，因此对其生平事迹，虽然有府志县志的记载，但都极为简略。

1. 《绍兴府志》载：

及明亡，唐王僭号于闽。平阶赴之，授兵部司务，晋御史，抗疏核郑芝龙跋扈。

福建破，遂亡命，服黄冠，假青乌之术，浮沉于世。东至齐鲁，登泰岱，谒曲阜，转徙吴越间，乐会稽山水，遂家焉。

康熙十七年，朝廷开史局。征博学鸿词，故人欲为平阶地，亟驰书止之。

平阶诗文详赡典丽，宗云间派，以西京盛唐为要归。于书宏览，洞究无遗。好谈几社轶事，感慨跌宕，滚滚不能休。酒阑烛灺，涕泪随之，闻者服其才而哀其志焉。著书十余种，卷以百计，殁后皆散落无存。遗命葬若耶之樵风泾。

2.《华亭县志》载：

蒋平阶，字大鸿。居张泽、尔扬犹子。嘉善籍诸生，崇祯间，在几社有声。

乙酉亡去，赴闽。唐王授兵部司务，晋御史，劾郑芝龙跋扈，人咸壮之。

闽破，服黄冠亡命。

假青乌术，游齐鲁，转徙吴越，乐会稽山水，遂止焉。卒，遗命葬若耶之樵风泾。

平阶少从陈子龙游，诗文详赡典丽。

凡天文、地理、阴阳、历数之书，洞究无遗。尤谙兵法，时遇权阉，未展所学，晚益精堪舆。

康熙间，有欲以博学鸿词荐者，大鸿亟止之。

好谈几社轶事，感慨跌荡，涕泪随之，闻者哀其志焉。

3.《松江府志》载：

蒋平阶，字大鸿。明诸生，年十八，从陈黄门游，诗文日益有名，性豪隽，有古义侠风。晚业堪舆，精其术。今言三元法者，皆宗平阶。

4.《艺海珠尘》载：

《艺海珠尘》子部艺术类《地理古镜歌》篇首题："大鸿，字平阶，又号宗阳子，江南华亭人。明亡，唐王僭号，授兵部司务，历御史。福建破，遂亡命。入务本朝，其友欲以博学鸿儒荐，大鸿止之。卒于绍兴。著书十余种，卷以百计，皆散失。"书后有戴鸿之识云："吾君平阶蒋公得无极真人玉函之秘，遂注地理辨正一书，悉本黄石、杨、曾之授，其旨深矣，惜言多隐而不发。于是作天元五歌、天元余义及集评水龙经四卷，则显而见焉。虽皆不外无极之传，然犹觉其糟粕耳。去岁 (1806) 孝廉方正陈子礼园，酷嗜秘书，家藏多本，又偏觅蒋氏遗书，内得古镜歌五十余首；乃蒋公得口授真传之后，又搜括余蕴而作也。其歌，始则细辨龙水之纯杂吉凶，继则阐明先、后天八卦之精义，以推断休咎。由大及小，以至田角、灰塘，一无遗漏。诚玉函之至秘，堪舆家之圭臬也。"

5.《全清词抄》载：

《全清词抄》第一卷载有：蒋平阶，原名阶，一名雯阶，一字斧山。江南华亭人，明诸生，有《支机集》。此外，于《松江府志》的<古今人传八>内，亦录有数行关于蒋大鸿的史实。"蒋平阶，字大鸿。名诸生。年十八，从陈黄门游，诗文日益有名，性豪隽，有古义侠风。晚业堪舆，精其术，今言三元法者，皆宗平阶"。

6.《清史稿·列传》载：

蒋平阶，字大鸿，江南华亭人。少孤，其祖命习形家之学，十年，始得其传。偏证之大江南北古今名墓，又十年，始得其旨；又十年，始穷其变。自谓视天下山川土壤，虽大荒内外如一也。遂著地理辨正，取当世相传之书，订其纰缪，析其是非，惟尊唐杨筠松一人，曾文辿仅因筠松以传。其於廖瑀、赖文俊、何溥以下，视之蔑如。以世所惑溺者，莫甚於平砂玉尺一书，斥其伪尤力。自言事贵心授，非可言罄，古书充栋，半属伪造。其倡言救世，惟在地理辨正一书。后复自抒所得，作天元五歌，谓此皆糟粕，其精微亦不在此，他无秘本。三吴两浙，有自称得平阶真传及伪撰成书指为平阶秘本者，皆假托也。

从之学者，丹阳张仲馨，丹徒骆士鹏，山阴吕相烈，会稽姜尧，武陵胡泰征，淄川毕世持，他无所传授。姜尧注青囊奥语及平砂玉尺辨伪，总括歌，即附地理辨正中。

平阶生於明末，兼以诗鸣。清初诸老，多与唱和。地学为一代大宗，所造罗经，后人多用之，称为“蒋盘”云。

注：蒋大鸿在18岁时，师从陈子龙学习云间派诗词。因其词文详赡典丽，在当时的“几社”中享有很高的声誉。

生逢乱世的蒋大鸿，不甘做亡国奴。于是赶赴福建投奔唐王，被授于兵部司务，不久晋升为御史。他性格耿介，敢于弹劾当时权重一时的郑芝龙，后因其降清出卖，蒋大鸿就以风水之术亡命天涯，他先到山东，又转徙江苏，最后被绍兴旖旎的山水风光所陶醉而定居下来。于是潜心深研玄空，传授真学、著书立说。

至康熙十七年，朝廷开史局，应征有博学鸿词的文人。有人上表举荐蒋大鸿，但却被他推辞。他一生忠于明室，不食清朝俸禄，允文允武，真乃气节凛然之士也。

第三节　蒋大鸿在著作中的自述

1.《地理辨正》原序

通三才之道曰儒，故天官、地理，皆学士家。穷理之本业，而象纬之学正旨，统测灾祥，属于国家者之事。

独地理为养生、送死，生民日用所急，孝子慈孙，尤不可以不谨。

宋儒朱蔡诸贤，间有发明。见于性理书中，斑斑可考。顾仅能敷陈梗概，而未究其精微。或者进而求之，通都所布，管郭诸书，虽其言凿凿，而去之愈远。

斯其为道显而隐，诚所谓间世一出，非人不传耶!

余少失恃，及壮失怙。

先大父安溪公，早以形家之书，孜孜手授，久而后知俗学之非也。

思穷径绝，乃得无极子之传。

于游方之外，习其所传，又十年。

于是，远溯黄石、青乌，近考青田、幕讲，彼其言，盖言人人殊，而厥旨则一。

且视天下山川土壤，虽大荒内外，亦如一也。其庶乎地学之正宗在是。辄欲举其说以告学者，又不容显言无已。

则取当世相传之书，订其纰缪，而析其是非。使言之者无罪，闻之者有所惩戒，而不至于乱辨正之书所以作也。

夫地学之有书，始于黄石，盛于杨公，而世所惑溺不可卒解者，则莫甚于《玉尺》。

故论断诸书，汇为一编。

其俎豆之与爰书，皆以云救也。

于姜诸子问业日久，经史之暇，旁及此编，岂好事哉。

我得此道以释憾于我亲，从我游者，皆有亲也。姜氏习是编，而遽梓之以公世，其又为天下后世之有亲者加之意欤？

允哉！儒者之用心也矣。

2.《平砂玉尺辨伪》序

仆弱冠失恃，先大父安溪公命习地理之学。求之十年，而始得其传。乃以所传，偏证之大江南北古今名墓。又十年，而始会其旨。

从此益精，求之又十年，而始穷其变，而我年则已老矣。

姚水亲陇告成，生平学地之志已毕，自此不复措意矣。

岂不欲传之其人，然天律有禁，不得妄传。

苟非忠信、廉洁之人，未许与闻一二也。

丹阳张孝廉仲馨、丹徒骆孝廉士鹏、山阴吕文学相烈、会稽姜公子尧、武陵胡公子泰征、淄川毕解元世持，昔以文章行业相师，因得略闻梗概。

此诸君子，或丹穴凤雏、或青春鹗厉，皆自置甚高，不可一世。盖求其道以庇本根，非挟其术以为垄断。故能三缄其口，不漏片言。庶不负仆之讲求尔。

若夫中人以下，走四方求衣食者，仆初未尝不怜之。然欲冒禁而传真道，则未敢许也。

至于仆之得传，有诀无书，以此事贵在心传，非可言罄。

古书充栋，半属伪造。故有辨正一书，倡言救世。后复自言所得，作《天元五歌》，然皆庄蒙所谓糟粕。必求其精微，则亦不在此也。

此外，别无秘本，私为一家之书。

近闻三吴、两浙，都有自称得仆真传，以自炫鬻者。亦有自撰伪书，指为仆之秘本，以蛊惑后学者。天地之大，何所不容，但恐伪托之人，心术鲜正。以不正之术，谋人身家，必误人之身家。

以不正之书，传之后世，必贻祸于后世。

仆不忍不辨，惟有识者察之。

3.《秘传水龙经》序

天高高在上，哀此下民。亦欲使千古不传之蕴，宣露一时。

苟知而不以告人，为不仁。告而不以实，为不信。

予不识固陋，欲为后世通人彦士，执辔前驱。因无极之传，发抒要妙，尽泄杨公之诀。

俾荡然大辟，以山龙属之高山，以水龙属之平壤。二法判然而不相合!

不惮大声疾呼，以正告天下之有识之士。

间亦信之，从来迷谬，于焉洞豁。

予虽自喜其阐明之非偶，而且恐恐焉惧冒阴阳之愆，又何敢贪天之功以为己力也。

方予初传水龙之法，求之古今文献，茫无显据。及得幕讲禅师《玉镜经》、《千里眼》诸书，于入穴元机，始得符契。

未几，又得《水龙经》若干篇，乃叹平阳龙法，未尝无书。但先贤珍重，不肯漫泄于世尔。

因无刊本，间有字句之讹用，加校注、诠次，编成五卷。

一卷明行龙、结穴、大体、支干相乘之法。二卷述水龙上应天星诸格。三卷指水龙托物比类之象。四卷明五星正支、穴体吉凶大要。五卷义同四卷，而纵横言之。

一、三、四卷，得之吴天柱先生。二卷得之查浦故宦家。五卷觅之吾郡最后得。

作者姓名，或有或无，其言各擅精义，互见得失。合而观之，水龙轨度，无踰此矣。

学者以此为体，而更以三元、九宫、易卦、乘气为用。

譬之大匠，水龙者，檀楠、杞梓。而三元、九宫，则方圆绳墨也。

譬之丹家，水龙者，鼎器、药物。而三元、九宫，则精莹之火候也。

名材不搜，公输无所施其巧；铅汞不备，伯阳无以运其神。故天元心法，诚为至矣。

4. 《水龙经》卷五序

地理之书，真伪杂糅，山龙犹有善本，平洋只字不传。世本纷纷，皆不知妄作。俗士罔察，谬以高山龙法与平地同论。遂使安坟立宅，尽失其宜。中格合符，百无一遇！

固天机之秘，惜亦俗术之误人！顾此茫茫，不胜悲惋！

予自得无极真传，洞悉高山平地，阴阳二宅秘旨。曾有《水龙经》一书，藏之名山，未敢轻泄人世。

庚子春，偕吾友余晓宗，遇同郡邹子所，客有以《水龙经》一卷见示。与予所藏，大同小异。披览之余，深叹三百年绝学，竟有从推测中，得其梗概。

是书不知何人所著，考究其年次，应在万历中年。大抵江湖术士，历览已成之绩，不拘牵于俗论，而自抒其所见有如此。虽犹未究精微之蕴，然亦可谓绝伦敏妙之才矣。

注：蒋公著作流传至今者，影响最广的为《地理辨正》、《天元五歌》、《平砂玉尺辨伪》、《天元余义》、《古镜歌》、《阳宅得一录》、《阳宅指南》、《秘传水龙经》、《归厚录》等风水书籍，及有研究诗词的《支机集》外，还有《东林始末》、《毕少保传》等。

第四节　蒋公自述修正玄空之路

昔过吾师无极真人于原枝之野。扶桑上宫再拜稽手。叩问金丹大道。真人曰。人道不修。仙道远矣。天气生魂。地气生魄。造化之精英。性命之根底。于是乎寓焉。若祖宗父母灵骨不栖。则二象薄蚀。五行为灾。身且不保。而何有于长生久视蝉蜕羽化乎。我先授子以玉函之秘。山原水泽二宅奥妙。是名人世金丹。归葬其亲。兼以宜民保国建宅开都敬奉无极将语子以道矣。

但天道秘密。远则五百年一传。近则三百年一传。我昔化为无着大士。与斗中真人共明此事。为扶轮大帝定此埋金之术。今数应及子。运启后贤。传之匪人。只为祸耳。于是告盟三天。常跪敬受。而幺文妙义。不克骤通。小愦则昏。且失经大义。及寒暑易序。丹元童子。五华丈人。时或伺其寤寐。披我闱闼。引喻夏端。进以神解。比其晓悟。星岁十周。又复栈山桴海。迹夫古帝遗墟。神仙窟宅。考其制作。发其幽奇。盖鞅掌者二十年。胼胝者数千里。乃得内无惑思。外无疑旨。余之得此。可为劳矣。

故愿广志殷应物。不吝尝持要妙以示人世。而末俗浮嚣。不宝至道。或始信而终疑。或得半而遽足。或以伪而乱真。授受之问。良为不易。惟隽李沈于二生。及同郡壬生辈。资性屯笃。服膺不衰。丁酉岁。偕周生翱翔入越。越之彦士觞予于宛委山禹陵之下。陵之名迹载籍显著。乃其瘗玉之地。人莫能知。余登窆石。凭虚一览指定神禹葬处。其时同游者四十余人。苍黄不白。独余姚丞相之耳孙相烈。趾不旋踵。目不改瞬。应声拊掌叹曰。君神人之鉴哉。

虽古之管郭。不加于此矣。愿执弟子礼而问业焉。求卜一丘。奉藏母翣。余于宛委南麓。为定马须之封。而吕子之再从叔师濂及弟洪烈。先与余诗酒唱和。得意忘形。缟带纻衣。愿言古处。吕氏诸子之定交于予。旷世为期。非朝伊夕矣。昔旌阳真君。得郭景纯日负其母骨。求山雾之秀而葬焉。择洞壑之美而栖焉。古之至人。祈响如此。服旌阳之教。以净明忠孝为归。母墓未卜。其敢即安于越诸山。祖于金庭天姥。委于四明若邪。霄客之所君都。羽人之所游衍。愿追同好之士。披衣岚岫。坐啸曲阿。生茹其花。没敛其实。以故西戊后岁必适越。三浙以东。虞江以西。足迹几遍。吕子同游。日久山川之变态心耳洞然。又欲尽知昔人裁制之法。过自抑损而进问于余。余遵奉师戒。盟天而传。即举真人所受玉函真义。特着一书以赠诸子。而总其要为天元歌。虽俚言鄙语。然实济世忧民之所为作也。吕四岳之后代产异人。挺兹后昆讵惭先觉。是能曲畅斯文。不晦云阳之旨。使有觉之数。咸识慎终。名山大川。郁为时栋。则大璞之余巧。实利济之全能。以是穷探道奥。翔步虚无。夫岂远乎。

岁在己亥日月会于玄枵之次中阳子

蒋大鸿题于会稽之樵风泾

第五节　蒋大鸿墓记

蒋大鸿墓穴在绍兴府会稽县，东南距城约十余里石帆山下的林家汇，土名马龙头。象形取义，相传为螺蛳吐肉形，系明末遗老江苏华亭蒋公大鸿先生自营佳地也。

近祖来龙自驻日岭起顶，历经龙潭岗及作丹岗，绕鸡笼顶出大庆岭。一路崇山峻岭，星峰磊落。大顿小伏，形体变换迢递数十里，陡起鹅鼻大峰，绵跨诸嵊，会三邑之间，崔巍险阻，两肩展翅飞张，宛若鸣凤朝阳，此为干龙顿宿，度关、起顶分枝之处。

中抽为法华岭，左翼为朱华山。朱华之龙北委于平野，若隐若现。伏脉二十余里而起琶亭。诸山蜿蜒东行以入于郡城之卧龙山。为城中八山之尊也。望翠山高耸于法华岭之右侧。逶迤转磨层递，剥换起西化、东化、羊中、大尖诸山，层峦重巘，高插云端，别开生面。而西化山双峰昂头，对峙竞秀，已露立穴朝向。张本中支法华岭，龙身微曲盘旋，枝脚横排，蔓延瓜瓠，累累不断。

绕枭至何山渡后岭，再接再起，如层波叠浪，横开凌霄。大帐顶平背圆，是为少祖秦望山[①]。星辰雄豪端严，精力扩充，弥满陟巅。瞻仰夭矫不群，大有居中驭外之势。

前面一线当中委曲徒心出脉，两边帐脚齐送。穿渡覆釜岭、天柱山、黄方岭。星体五换六移，渐升渐高，如登天梯，卓然耸立。香炉峰[②]头尖头阔，山脊五峰排列，微有曲动，形如蚕卧高岭。而脉从阔处直落，隐隐如带飞舞，有起伏挫平之势，无急硬直去之情。所谓高山眠体平贪直去，如僧参是也，以此剥尽刚老之气，至断续处起白鹤山，尖秀无瑕。正脉绕向阳明洞[③]，天束咽起顶高耸石帆山[④]。此山西连大会稽[⑤]，东带若耶溪[⑥]，所为白水翠岩，互相映发。

庚峰贪狼，开面照荫穴场。复从左肩降势出脉，到头翻身勒转。向内临落横列联珠三峰，如梭如印，剥换武辅兼体至入首处。中垂隐靥，脉出戌方，撒落田际。左右有两源泉涌出，四时澄清如镜，由是隐迹藏形。中间无复脊脉之起，脱胎化弼，面前惟见圆唇之收龙，身后托纷披支脚逐条回环。绕至双溪港口与隔岸射的山，分出之葛山交牙锁织，作为内关贴身护砂，审形度势，回别众山。居中立极，扦作壬山丙向。

特朝西化双峰耸翠，砂明水净，穴法宛然。内堂元辰水，潆洄环抱，真气含蓄不漏。转从辰方小桥流出，会通耶溪之水。即正干右肩缠龙，水源所从出也。复屈曲流至双溪港，会上溪水，联合向丑方悠悠扬扬之玄曲折而去。凝眸四顾，山环水绕，局紧气宽。上收清虚天气，洵成神仙奥窟焉！

丁巳夏间，静承先师咨岳先生之命，采访蒋墓。曾经察看山峦绘图邮呈，惟当时于四周之罗城暨山水之原委，未尽详载。先师文孙采香世讲幼承家学，善相风水。适去冬应聘来杭，晤后谈及蒋墓，即欲往观究竟，因事中止。今岁暮春，乃偕采香与同志诸君游览禹陵，复访蒋墓。特用较准来山去水方向重绘是图，以便后欲访蒋墓者，知所循途焉！

民国十一年岁次壬戌暮春会稽省繁章静识

按：咨岳即荣锡勋，生于1845年，著有《地理辨正翼》、《撼龙经疑龙经批注校补》等。1917年丁巳，其徒承师命往寻蒋公宗阳坟，直至1922年暮春，与师之孙同到实地寻访，找到后在当年仲冬出一书，名《蒋大鸿先生墓图》。荣锡勋在民国曾与其门徒远走绍兴，拜访当时仍存的蒋大鸿墓地。其门人更补图促文，成《蒋大鸿墓记》一书。

注：①秦望山：秦望山是因当年秦始皇南巡时，登临此山，远望南海而得名。丞相李斯在山巅留下的289字的小篆《秦会稽山刻石铭》，更是极为难得的瑰宝。它那挺拔巍峨的山势，众峰之杰的雄峻，使秦望山成为俯瞰越

中胜景的最佳所在。诚如王阳明《登秦望山》所写："秦望独山万山雄，萦纡鸟道盘苍空。飞泉百道泻碧玉，翠壁千纫削古铜。"

②香炉峰：香炉峰海拔354米，峰顶岩石，状如香炉，峰顶常云雾缭绕，如香炉的青烟，香炉峰因此而得名。从石阶登峰，沿途先后可看到巍峨的大雄宝殿、小巧的四面观音殿等殿阁，这1700石阶曲折盘行直上山脊，俗称"螺蛳旋"。来到山脊，可以看到摩崖石，有近现代题刻七处，右边是"思远塔"，高七层。在塔下的平台上，尽可远眺四处山峦和八方秀水，沿山脊而上，还有几处险地。先是"瘦牛背"，这一条极狭窄的岩石道，两边是深谷，再往前，云门石和静观石当道如山，两巨石间的间隙仅70~80厘米，要侧身才能通过。来到香炉峰顶，峰四周景色十分壮观，东侧有巨石如鼠，石旁是大老鼠塔；往南看，山峦起伏，层层叠叠，山峰在云雾中忽隐忽现；往北看，绿色的田野如片片绿叶飘浮在水面上。"炉峰禅寺"重建于1993年，占地1.5万平方米，有山门、九龙壁、放生池、钟鼓楼、人工殿、左右两侧配殿、大雄宝殿、藏经楼（佛堂）、客堂院等11处建筑，主建筑大雄宝殿9开间，高10余米，建筑雄伟，气势不凡。

③阳明洞：也称"禹穴"，虽名为洞，实为一群山回抱的山谷。相传黄帝曾建侯神馆于此，后被道教列为36小洞中的第11洞天。大禹在这里得黄帝"金简玉字书"，识山河体势，穷百川之理，终于治平洪水，治水完毕，大禹将书藏于洞中，仅有一线缝隙。

④石帆山：石帆山通体岩石，呈东西向，山形扁而狭长，山顶天然平坦。山岩石壁高数十丈，状如一叶顺风的帆，浮游于苍莽云海间，山名由此而来。另有一种说法是"石帆来海上"。说禹治水功成，天赐神女圣姑，圣姑从东海乘石船，张石帆来到这里。石帆山留有七千年前卷转虫式的海侵遗迹，说明石帆山早先濒海，从中我们可以领略到沧海桑田的巨大变化。

⑤会稽山：《史记·夏本纪》曰："禹会诸侯江南，计功而崩，因葬焉，命曰会稽。会稽者，会计也。"原名茅山，亦称亩山，是中国历代帝王加封祭祀的著名镇山之一。是中国山水诗的重要发源地之一，历代文人雅士留下

了众多诗文佳作。会稽山文化积淀深厚。三过家门而不入的上古治水英雄大禹，一生行迹中的四件大事：封禅、娶亲、计功、归葬都发生在会稽山。春秋战国时期，会稽山一直是越国军事上的腹地堡垒。秦始皇统一中国后不久就不远千里，上会稽，祭大禹，对这座出一帝一霸从而兼有“天子之气”和“上霸之气”的会稽山表示敬意。

⑥若耶溪：神秘而古老的若耶溪，是绍兴稽北丘陵流入山会平原的最大溪河，发源于峨嵋山茅秧岭，溪口在绍兴城南稽山桥，全长 23.5 公里。历史上若耶溪曾流传着诸多的神话传说，如禹得天书、欧冶铸剑、西子采莲、秦皇望海等。而所谓樵风泾“朝南风，暮北风”的传说，便是其中极其生动和风趣的一则。

第六节　提议成立“蒋大鸿学术研究会”

蒋大鸿出生于松江，中年寓居绍兴，从那时起，正是其对杨公筠松的玄空风水学说研究最为臻熟的阶段。《绍兴府志》载蒋大鸿：“著作十余种，卷以百计，殁后皆散落无存。”其为避犯文字狱，使大量的著作散落在绍兴民间，在民间亦流传着很多蒋公轶事和诸多风水典故。故而，挖掘蒋公文化责任重大，意义深远，绍兴应该成为挖掘和弘扬蒋公文化的阵地，使蒋公文化更好地为人民的幸福安康服务，这应该是绍兴文化建设中的一件大事，是我们解放思想、干事创业、加快发展，建设“经济强市、文化名市、旅游大市”的有机组成部分，也是弘扬蒋公文化的重要举措。

蒋公文化博大精深，研究与开发任务艰巨。本人冠元倡议绍兴市应尽快成立“蒋大鸿学术研究会”，组织力量抢救性地挖掘蒋大鸿散落在民间的珍贵文献资料，深度对蒋大鸿风水和诗词文化的研究。建议学会的办会宗旨就是“抢救史料、综合研究、普及知识、服务现实”。

抢救史料。就是要充分发挥舆论引导、教育民众的作用，增强市民对蒋大鸿文化的意识，呼吁全社会对散落民间的玄空派风水和云间派诗词的文献资料等进行搜集、整理，对现存的文物古迹进行抢救性保护，建成最丰富的蒋公文化资料中心，为深入研究蒋公文化奠定坚实的基础。

综合研究。就是要发挥我们身处绍兴，文献资料丰富，历史古迹众多，研究人才济济，文脉传承悠久的优势，精选专题，集中大家的智慧，开展分门别类地深入研究，力求快出成果、多出精品，通过坚持不懈的努力，形成一批综合研究成果。

普及知识。就是要发挥主阵地作用，坚持雅俗共赏，扣紧不同层次读者的需求，力求把“蒋大鸿学术研究会”办得既有厚重的文化底蕴，又有鲜明的时代气息；既有较高的学术品位，又有较强的知识性、趣味性，通过多层面的宣传普及，使工作、生活在绍兴的每个人对蒋公文化的历史渊源和基本内涵都有所了解，扩大蒋公文化对当今和后世的影响。

服务现实。就是要坚持古为今用，作好蒋公文化为现代文明建设服务的文章。蒋公文化中的精华部分，其鲜明的创造性、务实性和包容性与今天的改革开放政策一脉相承。要以“蒋大鸿学术研究会”为载体，深入挖掘蒋大鸿文化中的优秀成分，吸收、融汇各方面的研究成果，不断赋予新的内涵，塑造最具时代特征的崭新人文精神，为建设“经济强市、文化名市、旅游大市”提供不竭动力。

历史把蒋大鸿文化研究开发的新重任交给了我们，我们责无旁贷。成立“蒋大鸿学术研究会”，是全面弘扬蒋大鸿文化的破题之举，将是我们迈出的关键性一步。

本人冠元深信，虽然蒋大鸿文化研究还只是一株破土萌发的幼苗，但它根植于绍兴这块丰厚的文化沃土之中，一定会成长为文化百花园中的一朵奇葩。我更坚信，有各级领导、各位专家学者和社会各界的鼎力支持，蒋公文化研究开发一定会取得更加丰硕的成果，蒋公文化一定会对创建和谐社会起到很大的推进作用。

结 语

本章通过目前能搜集到的有关蒋公大鸿的史实资料（除了本人在图书馆、民间艰苦搜集外，还引用了钟义明、陈雪涛等诸位大师的有关著作，在此特表谢意！），论述了蒋公跌宕起伏的坎坷人生经历，和蒋公对风水、诗词所做出的不可磨灭的贡献。蒋公文化必随着中华文化的复兴而越来越受到人们的重视，蒋公安葬于绍兴，但他绝不属于绍兴，甚至也不仅仅属于华夏子孙，而是属于全人类。希望读者都能够学习并实践蒋公文化，营造出一个温馨的家，为建立新时期和谐社会发挥蒋公文化应有的作用。

后　记

现今只要谈起风水，有不少人会对此话题很感兴趣，这是个好现象。但当这些人向易学行内人士延师咨询或拜师求教时，多会不尽人意。原因固然有各人自身因缘之影响或学识悟性之差异，最主要的是以此为业者多为善于粉饰包装实为败絮的名师和抄袭附会尽为伪诀的鸣师。要知：风水之事，直系吉凶；堪舆之书，关乎后世。殊不知自己的一句话，一本书会给社会、后人留下什么样的影响。谨言慎行更是我们学易、研易和用易者的警世醒言，万不可愚弄世人，误人害己！

纵观易界，急功近利、欺世盗名，甚则诈财骗色者众。这种现状让我深感担心，如此下去会使中华传统文化的精髓损失殆尽。回顾以往，吾学易悟道十数载，凭着对易的执著钻研和道的切身领悟，虽有小得却不敢自满更不会藏私独享，因身为炎黄子孙有义不容辞地责任通过弘扬风水来宣道扬德，让和谐之光照耀全球，从而造福众生、泽被万物。带着“还风水正本清源、为众生谋造福祉”这样的心情和责任，于国内出版首本风水著作《和谐风水——玄空操作实务》。

在此之前，我已在香港出版二本风水书，分别是2004年版的《玄空风水阳宅操作》和2008年版的《玄空操作务实》。其间迭蒙国内外读者青睐，佳评如潮，愚深感汗颜，对读者嘉许既感激又惭愧。现在的《和谐风水——玄空操作实务》这本书是在集原在香港已出版的两本书之精华的基础上又增加了一些感悟和公开了不少操作真诀，意在阐述风水之真义、揭露行骗之伎俩和劝导人心之净化，给误入迷途的人点亮一盏导航明灯，为初入易学的人铺设一条寻真之路。

古有：“传书不传诀，传诀不传书”和“假传万卷书”之说，此书是集我多年实践心得并予以点窍，是为纠正市面上的糟粕及谬论，力使还飞星风水之本来面目与世人，做到既传书又传诀，这是我的创作初衷，若能使读者在开卷后有所增益，则吾心足矣。

当然，易有阴阳之分。此书的面市，在带来好评的同时，也会伴随唾骂。在此，我先寄语那些唾骂者：“我很希望看到此情，但我不愿见到是泼妇式的骂街，这样只会让你成人笑柄。若你是纯从学术上来批评我之不足，那么我真诚地向您致谢！”一样米养百种人，不论大家如何评价，我会至始至终地保持这样的信念：人在做，天在看。只要心中坦荡荡，无愧于天地良心，就根本没必要来分心去计较这些琐烦之俗事，因评人之功过不是人而在天！

本书能够出版，要感谢梁奕明先生的支持和帮助及承蒙出版社编辑的审阅和修改，还有，对本书的出版、印刷单位及关心本书的同道易友一并致以真挚的谢意！

由于本人才疏学浅，不足与错误在所难免，敬请前辈大德多提宝贵意见并斧正！易学同仁及读者们如有学术方面的交流与问题，可直接与我联系，联系电话：0575-88314557、13606555923；网址：http://www.guanyuan.net。

冠　元

2010 年 3 月于绍兴